中社智库 国家智库报告 2019（9）
National Think Tank
经济

全球价值链视角下的产能合作
——以中印（尼）为例

张中元 著

CAPACITY COOPERATION FROM THE PERSPECTIVE OF GLOBAL VALUE CHAIN: A CASE STUDY OF CHINA AND INDONESIA

中国社会科学出版社

图书在版编目(CIP)数据

全球价值链视角下的产能合作：以中印（尼）为例／张中元著.—北京：中国社会科学出版社，2019.6

（国家智库报告）

ISBN 978-7-5203-4457-9

Ⅰ.①全… Ⅱ.①张… Ⅲ.①区域经济合作—国际合作—研究—中国、印度尼西亚 Ⅳ.①F125.4②F134.24

中国版本图书馆 CIP 数据核字（2019）第 094414 号

出 版 人	赵剑英
项目统筹	王 茵
责任编辑	黄 晗
责任校对	王 龙
责任印制	李寡寡

出　　版	中国社会科学出版社
社　　址	北京鼓楼西大街甲 158 号
邮　　编	100720
网　　址	http://www.csspw.cn
发 行 部	010-84083685
门 市 部	010-84029450
经　　销	新华书店及其他书店
印刷装订	北京君升印刷有限公司
版　　次	2019 年 6 月第 1 版
印　　次	2019 年 6 月第 1 次印刷
开　　本	787×1092　1/16
印　　张	11.5
字　　数	151 千字
定　　价	59.00 元

凡购买中国社会科学出版社图书，如有质量问题请与本社营销中心联系调换
电话：010-84083683
版权所有　侵权必究

摘要：40年来中国经济的高速增长，正是得益于中国产业对全球价值链的深度嵌入。但目前很大一部分中国制造业企业从事中间品加工和最终产品组装，处于价值链中低端位置，缺乏核心竞争力，导致结构性产能过剩问题出现，中国的产业发展面临巨大的转型压力，产业价值链升级刻不容缓。而推动对外产能合作已上升为中国国家战略，被视为"走出去"战略的升级版和实施"一带一路"倡议的重要途径。

近年来东南亚国家产业结构调整加速，基础设施建设方兴未艾，大力推进工业化、城镇化进程，这为中国与东南亚国家在国际产能和装备制造合作的顺利开展提供了重要机遇。目前中国的产能虽有富余但并不落后，一大部分产能处于中高端水平，这些产能在技术上先进适用、性价比高，特别符合东盟国家的现实需要和承载能力，有利于发挥东盟国家的资源和劳动力成本优势，因而具有国际竞争力。

自2005年中国与印尼建立战略伙伴关系以来，双边关系发展迅速。2013年10月，中国国家主席习近平访问印尼，两国领导人宣布两国关系由战略伙伴关系升级为全面战略伙伴关系，全方位推进各领域合作。同时中国领导人提出与东盟国家共建"21世纪海上丝绸之路"的倡议，佐科在2014年10月就任印尼总统时把"全球海洋支点"作为该国未来的发展战略。印尼与中国经济互补性较强，双方拥有很多合作机会。

农业一直在印尼经济结构中占有非常重要的地位。《印尼2015—2019年国家中期发展规划》突出了农业部门的两项重要任务：一是增加稻米的生产以增强粮食安全，二是发展高价值作物改善农村生活条件。中国与印尼在农业科技、农业产业投资和农产品贸易方面已经具有良好的合作基础。但是由于企业间缺乏有效合作，同质化严重，未能形成有效的力量，在合作规模和合作层次上仍有很高的潜力。

粮食安全仍然是印尼政府面临的最大问题，中印（尼）两国在种植业领域具有广泛的合作前景。印尼农业机械化仍处于低水平，中国的农业技术和农业机械设备较欧美国家的更适合印尼农业生产，中国企业结合当地市场实际需求，研发和出口适合印尼当地的农业技术和农业机械设备。中国企业已经"走出去"到印尼进行种植业和加工业投资，在合作层次、合作领域方面仍具有很大的拓展潜力。

印尼拥有丰富的能源矿产资源，为了规范能源矿业、促进能源矿业新的发展，印尼政府制定了一系列法律政策，以调整原有的能源发展结构。印尼政府鼓励国内外投资者参与印尼油气领域投资，且注重培养本国能源企业。近年来中国石油公司纷纷加大与印尼的投资合作，作为中国能源战略全球化的组成部分，中国对印尼的石油、天然气投资还将不断增强。随着投资的加大，中国企业应更全面地了解印尼的油气投资环境、投资政策、投资风险，以实现投资的合理性和降低风险。

印尼是一个本地化要求非常高的国家，政府对矿业投资活动干预较多，希望更多的本土化因素参与矿产资源的开采，以带动本国经济的发展。但是印尼的经济发展水平、科技水平和工作效率又不能完全满足和支撑矿业投资的需要，正常合法的商业投资活动可能会遇到各种阻碍，很多矿区所在地的开放程度非常有限，这给外国投资者在印尼进行矿业投资带来了很大的挑战。在印尼进行矿业投资需要足够的细致和耐心，要对印尼当地的法律制度和投资环境有非常清楚的了解，对矿区周围的环境和风土人情也要进行深度的调研。

印尼作为新型工业化国家，制造业已经成为支柱产业，今后要提升工业化的质量，引导工业化由初级产品加工（处于价值链的低端）上升至技术密集型工业生产，努力振兴经济。但进口竞争影响国内产业的担忧对印尼政府影响较大，进口替代是印尼早期工业政策目标，增加国内和出口市场份额已成为其产业政策的目标之一。目前印尼关税税目中近20%的产品涉及进口许可证要求，印尼还采用技术性壁垒，对于更多种类的产品规定需符合印尼强制性国家标准的要求，这给贸易带来了一定的障碍。

与其他发展中国家一样，印尼是先进技术的净进口国，外国直接投资、技术许可协议、外国供应商企业的资本货物进口和技术转让以及作为出口导向型企业的外国买家的技术和营销援助一直是国际技术转移到印尼的主要渠道。以汽车产业为例，随着印尼经济的快速增长，国民收入增加，有购车需求的人越来越多，潜在汽车消费市场巨大。印尼汽车市场上日系品牌汽车独占鳌头，印尼本国汽车制造商面临来自日本、韩国等外国企业的激烈竞争，印尼希望通过与其他国家合作或技术转让，增强技术实力，提高竞争力。一些印尼企业还加强了汽车产业价值链上、下游产业的发展。

为了加强中印（尼）制造业产能合作，中国应发挥资金、技术优势，让中国的优势产能与印尼所缺产能进行有效整合。中国企业从进入印尼市场开始，不仅要生产适合印尼市场的产品，更要树立良好的品牌意识，让印尼消费者建立对中国产品的信任。中国企业在印尼应避免同质竞争、恶性竞争，发挥互补和协调优势，强强联合形成合力。投资印尼的中国企业要坚持合作共赢理念，尽力解决当地就业问题，推动建立当地产业体系，增加对当地人才的培训和教育，帮助提高当地劳动力的素质和技能，重视与印尼当地有实力的企业、经验谙熟的国际公司、相关金融机构等进行合作以规避相关风险。

关键词：产能合作；全球价值链；印尼

Abstract: The rapid growth of China's economy in the past 40 years is due to the active participation of China's industries in the global value chain. However, at present, a large number of Chinese manufacturing enterprises are engaged in intermediate processing and final product assembly. They are at the middle and low end of the value chains and lack of core competitiveness, which leads to the problem of structural overcapacity. China's industrial development is facing tremendous pressure of transformation. It is urgent to upgrade the industrial value chain. The promotion of foreign capacity cooperation has risen to China's national strategy. It is regarded as an important way to upgrade the "Going Global" strategy and implement the Belt and Road Initiative.

In recent years, Southeast Asian countries have accelerated industrial restructuring, booming infrastructure construction and vigorously promoting industrialization and urbanization, which provides an important opportunity for China and Southeast Asian countries to carry out smoothly cooperation in international production capacity and equipment manufacturing. At present, although China's production capacity is surplus, it is not technological backwardness. A large part of the production capacity is in the middle and high-end level. These production capacities are advanced and applicable in technology and have a high cost-effective ratio. They are especially in line with the actual needs and carrying capacity of ASEAN countries, and are conducive to giving full play to the advantages of resources and labor costs of ASEAN countries, so they have international competitiveness.

Since the establishment of strategic partnership between China and Indonesia in 2005, bilateral relations have developed rapidly. In October 2013, Chinese President Xi Jinping visited Indonesia. The leaders of the two countries declared that bilateral relations had been upgraded from strategic partnership to comprehensive strategic partnership and promoted cooperation in all fields. At the same time, Chinese leader has proposed to build the 21st century Maritime Silk Road with ASEAN countries. When Joko Widodo took office as Indonesian President in October 2014, he took the "Global Maritime Axis" as Indonesia's future development strategy. Indonesia and China are highly complementary in their economies and have many opportunities for cooperation.

Agriculture has always played a very important role in Indonesia's economic structure. In Indonesia's medium-term development plan for 2015 – 2019, two important tasks of the agricultural sector have been highlighted: increasing rice production to enhance food security, and developing high-value crops to improve rural living conditions. China and Indonesia have already had a good foundation for cooperation in agricultural science and technology, investment in agricultural industry and trade in agricultural products. However, due to the lack of effective cooperation among enterprises, serious homogenization and failure to form an effective force, there is still great potential to improve the scale and level of cooperation.

Food security is still the biggest problem facing the Indonesian government. China and Indonesia have broad prospects for cooperation in the field of planting. Agricultural mechanization in Indonesia is still at a low level. China's agricultural technology and equipment are more suitable for Indonesia's agricultural production than those in European and American countries. Chinese enterprises have developed and exported agricultural technology and equipment suitable for Indonesia's local market according to the actual needs of the local market. Chinese enterprises have "Going Out" to Indonesia to invest in planting and processing industries, and still have great potential in cooperation level and field.

Indonesia has abundant energy and mineral resources. In order to regulate energy and mineral industry and promote their development, the Indonesian government has formulated a series of laws and policies to adjust the original energy development structure. The Indonesian government encourages domestic and foreign investors to participate in Indonesian oil and gas investment. The construction of refineries is a priority area for the new Indonesian government. The Indonesian government focuses on training domestic energy enterprises. In recent years, China's Petroleum Companies have increased their investment cooperation with Indonesia. As part of the globalization of China's energy strategy, China's Petroleum Companies' investment in oil and gas in Indonesia will continue to increase. With the increase of investment, Chinese enterprises should have a more comprehensive understanding of Indonesia's oil and gas investment environment, investment policy and investment risk in order to realize the rationality of investment and reduce risk.

Indonesia is a country with very high requirements for localization. The government intervenes more in mining investment activities. It is hoped that more localization factors will be involved in the mining of mineral resources in order to promote the economic development of Indonesia. However, the level of economic development, scientific and technological level and work efficiency of Indonesia cannot fully meet and support the needs of mining investment. Normal and legitimate business investment activities may also encounter various obstacles. The opening degree of many mining areas is very limited, all of which bring great challenges to foreign investors' mining investment in Indonesia. Mining investment in

Indonesia requires sufficient care and patience, a very clear understanding of the local legal system and investment environment, and in-depth investigation of the environment and customs around the mining area.

Indonesia is a new industrialized country, whose manufacturing industry has become a pillar industry. In the future, Indonesia will improve the quality of industrialization, guide industrialization from primary products processing, at the low end of the value chain, to technology-intensive industrial production, and strive to revitalize the economy. The Indonesian government concerns about the impact of import competition on domestic industries. Import substitution is the goal of Indonesia's early industrial policy. Increasing domestic and export market share has become one of the goals of national industrial policy. At present, nearly 20% of Indonesian tariff items involve import licensing requirements, and Indonesia also adopts technical barriers. For more kinds of products, the requirements of Indonesian mandatory national standards must be met, which has brought certain obstacles to trade.

Like other developing countries, Indonesia is a net importer of advanced technology. Foreign direct investment, technology licensing agreements, capital goods import and technology transfer of foreign supplier enterprises, and technology and marketing assistance from foreign buyers as export-oriented enterprises have been the main channels for international technology transfer to Indonesia. Taking the automobile industry as an example, with the rapid growth of Indonesia's economy and the increase of national income, more and more people have the need to buy cars, and the potential automobile consumption market is huge. Indonesia's automobile market is dominated by Japanese brand automobiles. Indonesian automobile manufacturers are facing fierce competition from foreign companies such as Japan and Korea. Indonesia hopes to enhance its technological strength and competitiveness through cooperation or technology transfer with other countries. Some Indonesian enterprises have also strengthened the development of the upstream and downstream industries of the value chain of the automobile industry.

In order to strengthen Sino-Indonesian cooperation in manufacturing capacity, China should give full play to its financial and technological advantages so as to effectively integrate China's superior capacity with Indonesia's lack of capacity. Starting from entering the Indonesian market, Chinese enterprises should not only produce products suitable for the Indonesian market, but also establish good brand awareness so that Indonesian consumers can build trust in Chinese products. Enterprises from China in Indonesia should avoid homogeneous competition and vicious competition, give full play to complementary and coordinated advantages, and form joint efforts. Chinese enterprises investing in Indonesia should adhere to the concept of win-win cooperation, try their best to solve the local employment problem, promote the establishment of local industrial system, increase the training and education of local talents, help improve the quality and skills of local labor force, and attach importance to cooperation with local powerful enterprises, experienced international companies and relevant financial institutions in Indonesia to avoid related risks.

Key Words: Capacity Cooperation, Global Value Chain, Indonesia

目　录

引　言 …………………………………………………………（1）
　一　基于全球价值链视角的国际产能合作 ……………（1）
　二　"一带一路"倡议背景下的中印（尼）产能
　　　合作 …………………………………………………（4）

第一章　农业合作 ……………………………………（13）
　第一节　印尼农业发展状况 ……………………………（13）
　　一　印尼农业概况 ……………………………………（13）
　　二　印尼农业作物 ……………………………………（18）
　　三　印尼经济作物 ……………………………………（23）
　第二节　印尼支持农业发展的政策 ……………………（34）
　　一　印尼农业发展规划 ………………………………（34）
　　二　扶持农业发展的主要政策措施 …………………（34）
　第三节　中印（尼）农业领域的价值链合作 …………（42）
　　一　中印（尼）农业价值链合作基础与需求 ………（42）
　　二　中印（尼）农业合作领域 ………………………（60）
　　三　加强中印（尼）农业合作的建议 ………………（64）
　　附录　双边出口贸易增加值的分解 …………………（68）

第二章　能源矿产业合作 ……………………………（74）
　第一节　印尼能源矿产业发展现状 ……………………（74）

一　印尼能源发展现状…………………………………（74）
　　二　印尼矿产业发展现状…………………………………（82）
第二节　印尼能源矿产业相关法律制度及其投资
　　　　环境………………………………………………………（86）
　　一　印尼能源的管理………………………………………（86）
　　二　印尼矿产业的管理制度………………………………（90）
第三节　中印（尼）能源矿产资源合作………………………（104）
　　一　中印（尼）能源合作…………………………………（104）
　　二　中印（尼）矿产合作…………………………………（106）

第三章　制造业合作……………………………………………（110）
第一节　印尼制造业发展状况…………………………………（110）
　　一　制造业概况……………………………………………（110）
　　二　贸易……………………………………………………（115）
　　三　投资……………………………………………………（121）
第二节　印尼制造业及其相关政策……………………………（127）
　　一　产业政策………………………………………………（127）
　　二　贸易政策………………………………………………（138）
　　三　投资政策………………………………………………（145）
第三节　案例研究：印尼汽车产业……………………………（152）
　　一　印尼汽车产业概况……………………………………（152）
　　二　中印（尼）汽车合作历程……………………………（160）
　　三　中印（尼）汽车产能合作存在的问题与
　　　　挑战………………………………………………………（164）
　　四　加强中印（尼）制造业产能合作的建议……………（165）

引　言

一　基于全球价值链视角的
国际产能合作

中国提出"一带一路"倡议的目的是通过基础设施建设推动沿线经济体融入全球价值链、产业链的分工体系，打通欧亚大陆形成新的生产网络和消费市场，为欧亚经济乃至全球经济的发展形成新的增长空间。① "一带一路"沿线是全球人口聚集区，对基础设施建设有巨大的需求，而基础设施的投资量大、工程量大，推进"一带一路"倡议的实施必将极大地促进中国与沿线国家的产能合作，有效促进中国以及沿线国家的产业结构转型升级。目前全球价值链已成为世界经济的重要特征，国际产能合作的实践证明，构建合理的全球价值链可以使得企业在全球进行资源的优化配置，提高企业利润，也使得合作各方的经济都获得发展。中国经济过去40年的高速增长，正是得益于中国产业对全球价值链的深度嵌入。宋玉华和张海燕利用包括了中国、印度尼西亚（以下简称"印尼"）等亚太九国价值链模型判断各国增加值创造能力与各国间经济依存关系，结果发现中国在亚太价值链，乃至全球价值链中充当最大的中间

---

① 卓丽洪、贺俊、黄阳华：《"一带一路"战略下中外产能合作新格局研究》，《东岳论丛》2015年第10期。

品提供者，亚太八国对中国中间品出口有明显的依赖性；这种分工合作为中国融入亚太价值链提供了快捷通道，为亚太区域数量庞大的企业带来丰厚利润，成为深化各国之间经济关系的纽带，有效发挥这一积极因素加强中国与区域内国家的合作，有助于中国将中间品加工制造环节的成本价格优势再造为包括价格、技术、服务等在内的综合优势。①

尽管新兴经济体价值链分工参与程度在不断提升，并获取了参与价值链分工的经济增长效应，但其在全球价值链分工中还处于利用资源、劳动力等初级要素的发展阶段，以低廉劳动参与全球价值链中劳动密集型环节对外国技术、资本依赖较强，容易形成低端环节的分工锁定效应，同时会面对众多发展中国家低廉劳动力的竞争，其国际贸易利益必然会进一步受到挤压②。虽然东亚生产网络具有很强的结构性与互补性，是目前中间投入品贸易最活跃的市场，但由于东亚各经济体对东亚生产网络缺乏控制力，缺乏区域内能够创造全球价值链条的领军企业，缺乏有效的区域内市场，以及随着生产网络成员的发展，有可能出现局部的产业替代与转移，进而打破东亚生产网络的现有格局③。在2008年国际金融危机后，美国等发达国家纷纷提出以"重振制造业"为核心的"再工业化"战略，中国企业原有的成本优势日益减弱，以出口或代工为主的劳动密集型中小制造企业，由中国向越南、缅甸、印度等劳动力和资源更低廉的发展中国家转移，国际产业转移呈现出"双向转移"现象：即产业高端链条回流欧美发达国家，低端链条向成

---

① 宋玉华、张海燕：《亚太价值链解构与中国的利得——基于APEC主要国家的投入产出分析》，《亚太经济》2014年第2期。
② 张桂梅、赵忠秀：《新兴经济体在全球价值链中的特征及启示》，《经济纵横》2015年第1期。
③ 华晓红、周晋竹、宫毓雯：《全球价值链与东亚生产网络》，《国际贸易》2013年第7期。

本更低的地区转移。① 目前很大一部分中国制造业企业从事着中间品加工和最终产品组装，处于价值链中低端位置，缺乏核心竞争力，导致结构性产能过剩问题出现，中国参与全球价值链分工到了必须转型的十字路口。② 中国的产业发展面临巨大的转型压力，产业价值链升级刻不容缓。

如果将来中国还依附于跨国公司主导的全球价值链，则难以从根本上突破产业发展所面临的制约。因此新兴经济体之间通过合作，加大各自价值链分工参与度，延长国内价值链，提升价值链分工地位和国际贸易地位，甚至尝试构建新兴经济体之间的区域价值链形成以本国企业为核心或主导的价值链分工体系，以此最大限度地获取价值链分工利益。2015年5月16日，国务院发布《关于推进国际产能和装备制造合作的指导意见》，明确提出了"两个重点"：一是将钢铁、有色、建材、铁路、电力、化工、轻纺、汽车、通信、工程机械、航空航天、船舶和海洋工程13个重点行业作为重点，推进国际产能合作；二是将与我国装备和产能契合度高、合作愿望强烈、合作条件和基础好的发展中国家作为推进国际产能和装备制造合作的重点国别。随后中国国家发改委、外交部对60多个国家进行了需求调查，初步圈定了15个意愿比较强烈、基础比较好的国家进行产能合作，这些国家分布在亚洲、非洲、拉美和欧洲，主要是通过投资建厂，建设生产线、基础设施、产业链、产业集聚区来实施国际产能和装备合作。③ 推动对外产能合作已上升为中

---

① 张梅：《对外产能合作：进展与挑战》，《国际问题研究》2016年第1期。
② 白永秀、王泽润、王颂吉：《丝绸之路经济带工业产能合作研究》，《经济纵横》2015年第11期。
③ 郑青亭：《中国境外产能合作提速：已初步圈定15个优先国家67个早期收获项目》，21世纪经济，http://news.hexun.com/2016-01-26/182435014.html，2016年1月26日。

国国家战略，被视为"走出去"战略的升级版和实施"一带一路"倡议的重要途径。

在目前发达国家持续经济危机的背景下，发展中国家的需求驱动者替代发达国家的需求驱动者给低收入国家以及他们之间构建的价值链参与者带来许多优势，发展中国家的需求驱动者首先提供了一个快速反应的需求来源，允许出口经济体和企业获得规模经济收益并降低了其成本，与中国和其他发展中经济体的贸易带来了额外的收益。此外，以更高的安全标准或满足发达国家社会伦理要求，发展中国家的小企业主与农民在很大程度上被排除了参与全球价值链的可能性，但发展中国家之间构建价值链对他们而言可能是消除了进入壁垒。近年来东南亚国家产业结构加速调整，基础设施建设方兴未艾，大力推进工业化、城镇化进程，这为中国与东南亚国家在国际产能和装备制造合作的顺利开展提供了重要机遇。目前中国的产能虽有富余但并不落后，一大部分产能处于中端及中高端水平，这些产能在技术上先进适用，性价比高，特别符合东盟国家的现实需要和承载能力，有利于发挥东盟国家的资源和劳动力成本优势，因而具有国际竞争力[①]。因此中国与区域内国家合作构造全球价值链以打造命运共同体，即使难以在短期内实现全球范围的拓展，但可以在局部范围内，如在"一带一路"沿线区域内实现。

二 "一带一路"倡议背景下的中印（尼）产能合作

（一）印尼的"全球海洋支点"战略

印尼作为一个群岛国家，其海洋基础设施严重不足。为了

---

① 《中国与东盟加强国际产能合作寻求多方共赢》，中央政府门户网站，http://www.gov.cn/zhuanti/2015-11/26/content_5016999.htm，2015年11月19日。

解决这些问题，佐科在竞选总统时就初步提出了关于印尼国家发展的"全球海洋支点"（Global Maritime Axis）战略构想（也称为"海洋强国"战略）；就任总统以后，佐科在2014年东亚峰会期间完整、系统地阐述了该战略构想的主要内容，正式将之从主要针对印尼国内受众的竞选纲领提升为印尼的国家发展战略。佐科的"全球海洋支点"战略包括五大内容：（1）树立海洋文化理念（意识）。印尼位于印度洋和太平洋的交汇处，又是一个海洋群岛国家，海洋对印尼未来的发展至关重要，或者说民族的繁荣和未来将与海洋认同和开发息息相关。（2）管理好海洋资源，发展海洋渔业，实现海洋的"粮食安全"和主权。（3）通过重点建设港口、航运和海上旅游等，大力发展印尼互联互通和海洋经济。（4）在海洋外交方面，重点加强与各国海洋安全合作，妥善处理领海争端、打击非法捕捞和海盗、滨海主权以及海洋环境保护。（5）加强海上防御力量，保护国家领海主权完整和海洋资源，维护区域海洋航行安全。[①] 印尼提出"全球海洋支点"战略的核心是实施新的国家发展战略，改革经济发展模式，消除长期以来制约印尼经济发展的瓶颈。目前，印尼经济结构面临重大的发展瓶颈，迫切需要加以调整：一是经济发展过于依赖农业和出口原材料；二是东西部发展不平衡；三是作为群岛国家，基础设施建设滞后制约了经济发展；四是人口素质普遍偏低。

印尼基础设施建设的滞后很大程度上限制了印尼经济的进一步发展，为突破这一局限，印尼曾在2011年提出未来15年的经济建设计划，以实现在2025年将印尼建成世界前十大经济体的战略目标。根据这一经济建设计划，印尼需要大量基础建设投资。佐科的"全球海洋支点"战略以基础设施建设为核心

---

① 刘雨辰：《试论印尼佐科政府的"全球海洋支点"构想》，《世界经济与政治论坛》2016年第4期。

抓手，切中了印尼近一二十年来由于经济高速增长而加大的对于基础设施的需求，历届政府有心改善这一状况，但由于巨额的资金缺口而一直未能推进大规模基础设施建设的规划。印尼要想切实推进基础设施建设，必须寻找外部资金的支持。"全球海洋支点"战略的目标就是要充分利用和发挥印尼独特的海洋区位优势，加大对外招商引资力度，大力开发海洋资源，积极推动海洋基础设施建设，全面发展海洋经济。① 其中最为引人注目的是，佐科提出了"海上高速公路"（Maritime Highway）的概念，这一概念要求印尼成为沟通太平洋和印度洋的通衢，同时有效联通印尼国内的上万个岛屿，为此佐科政府提出要大规模修缮已有港口、建设新的港口。为实施这一战略，印尼还专门成立了海洋事务协调部。据印尼国家发展和计划部介绍，为落实印尼海洋强国梦，2015—2019年，印尼政府将投资699万亿印尼盾（约合574亿美元）实施"海上高速公路"建设规划。在这项庞大的投资计划中，243.6万亿盾将用于在全国兴建24个国际性商业港口，198万亿盾用于新建1481个非商业性港口，101.7万亿盾用于购买船舶，7.5万亿盾用于近海运输，40.6万亿盾用于大宗和散装货物设施建设，50万亿盾用于至港口的多式运输，10.8万亿盾用于造船厂更新等。目前，印尼物流成本占GDP的比重为23.5%，印尼政府希望在2019年将此比重降低至19.2%。这些项目所需资金的一部分由国家预算支出，其余将来自印尼国有企业和私营部门。根据《2010—2025年印尼基础设施发展蓝图》，印尼政府用3—4年将北苏门答腊的瓜拉丹绒和北苏拉威西的比通建设成为国际枢纽港。印尼政府拟实施的"海上高速公路"措施还包括：设立专项资金为船舶采购提供融资，修改造船业及相关领域的进口关税、增值税和收入

---

① 刘畅：《试论印尼的"全球海洋支点"战略构想》，《现代国际关系》2015年第4期。

税，为造船业提供更加灵活的银行担保，把新建船舶的当地制造成分提高至40%等。

海洋经济是佐科海洋强国战略的重要支撑，近年来印尼面临的一个现实难题是，经济发展不但没有保持高速增长的速度，近几年来反而出现了相对停滞的态势。"全球海洋支点"战略构想把发展海洋产业当作振兴印尼经济的重要突破口，印尼的海洋产业主要由海洋渔业、海洋油气业、海洋交通业、海洋旅游业等行业构成，其中海洋渔业和海洋油气业是印尼的传统支柱产业。由于政府对印尼海洋经济重视不够，导致海洋产业发展缓慢，甚至出现萎缩的情况。印尼虽然是海洋国家，但其海洋产业结构存在不合理、不平衡的问题，从而导致海洋产业发展后劲不足，影响了印尼海洋经济的整体发展速度与质量。

（二）中国与印尼产能合作的新契机：产业价值链的对接

自2005年中国与印尼建立战略伙伴关系以来，双边关系发展迅速。2013年10月，中国国家主席习近平访问印尼，两国领导人宣布两国关系由战略伙伴关系升级为全面战略伙伴关系，全方位推进各领域合作。同时中国领导人提出与东盟国家共建"21世纪海上丝绸之路"的倡议，佐科在2014年10月就任印尼总统时把"全球海洋支点"作为该国未来的发展战略。中印（尼）两国的海洋发展战略具有高度的契合性，二者都重视开发和利用海洋，把海洋互联互通作为目标，强调发展海洋经济，促进海洋基础设施建设。[①] 印尼与中国经济互补性较强，双方拥有很多合作机会。对中国而言，中国有充足的投资资金，需要选择合适的国家进行投资，而印尼是中国倡导的"21世纪海上丝绸之路"的战略支点国家，加强同印尼的战略对接，不仅有助于加深中国

---

① 林梅：《印度尼西亚佐科政府的"全球海洋支点"战略及中国与印度尼西亚合作的新契机》，《东南亚纵横》2015年第9期。

与印尼的双边关系，而且也可以发展和其他东盟国家的关系，获得进入印度洋，打通向南亚、非洲、中东、大洋洲和欧洲的海洋通道，扩大中国商品走出去，保障战略资源和能源能够输送到国内，密切中国与各大洲的经济联系。对印尼而言，印尼正在大力发展基础设施，资金需求较大，且经济发展前景和投资环境良好，中国是其实施"全球海洋支点"构想不可或缺的战略伙伴，印尼政府视中国为全面战略合作伙伴，将推出一系列港口、航运、物流等基础设施项目以吸引中国企业投资，加强印尼岛际之间的互联互通，佐科政府积极推动"全球海洋支点"战略和"21世纪海上丝绸之路"进行对接，获得中国资本支持，加快印尼海洋强国建设步伐。

在建设"21世纪海上丝绸之路"背景下，中印（尼）海洋经济合作拥有历史性机遇。在政治方面，中国和印尼自2005年建立战略伙伴关系以来，双方高层领导互访不断，政治互信不断增强。在经济贸易方面，中国和印尼一直比较重视经贸合作，2010年中国东盟自由贸易区的启动更是为两国的经济合作按下了快捷键，双边贸易额连创新高。两国的相互投资也不断增长，近几年，中国不断加大对印尼的投资，中国—印尼经贸合作区的建立和发展，以及中国企业在印尼建立的各种产业园区都有利于两国经济贸易的持续发展。在社会与文化方面，主要体现为旅游和教育方面的合作，中国游客到印尼观光旅游的人数不断增多，中国在印尼设立了孔子学院，进行汉语的推广，加深了印尼对中国的了解，两国在宗教、艺术、科技、媒体等领域的合作也越来越多。[1] 目前中国是印尼最大的贸易进口国，中国对印尼的贸易中主要以出口工业制品为主，同时进口能源和原材料。随着印尼经济的发展，产业不断升级，两国贸易必然向着更加全面、均衡的

---

[1] 余珍艳：《"21世纪海上丝绸之路"战略推进下中国—印度尼西亚海洋经济合作：机遇与挑战》，《战略决策研究》2017年第1期。

方向发展。双方应致力于改善两国不均衡的贸易关系，以投资带动产业升级。中国与印尼在投资领域的合作基础深厚，中国对印尼的直接投资已达到相当规模，中印（尼）双方在基础设施、农业、贸易、电子商务、金融和能源领域的合作进一步得到加强，目前中国企业在印尼的投资经营范围已经涵盖了能源、通信、电力、矿业、金融、保险、交通、汽车、农业等众多领域。中资企业坚持本地化经营，为当地提供了大量就业机会，促进了中印（尼）全方位、宽领域、深层次的经贸合作。①

2018年5月7日上午，李克强总理在与印尼总统佐科举行的会谈中表示，中国和印尼互为重要近邻，是拥有广泛共同利益的天然合作伙伴。李克强就加强双边关系和发展战略对接提出具体建议：一是在两国全面战略伙伴关系框架下打造双边、地区、国际层面全方位合作三个支柱，更好支撑两国关系发展；二是深化中方"一带一路"倡议同印尼"全球海洋支点"构想对接，加强产能合作，推进雅万高铁和印尼"区域综合经济走廊"两大标志性项目合作，早日释放经济社会效益，让两国人民获得实实在在的利益，更好实现互利共赢；三是深化贸易投资合作，扩大印尼棕榈油、热带水果、咖啡等有竞争力的优质产品对华出口，加强渔业加工合作，鼓励中国企业扩大对印尼投资，希望印尼方提供更多政策支持和便利；四是夯实两国关系民意基础，密切人员往来和互联互通，加强学术、青年交往，促进文化交流互鉴。② 5月7日晚，李克强在雅加达中国—印尼工商峰会主旨演讲中表示，印尼是具有重要影响力的发展中大

---

① 驻印尼经商参处：《中国驻印尼登巴萨总领馆推介领区投资环境》，http：//id. mofcom. gov. cn/article/sxtz/201709/20170902642012. shtml，2017年9月11日。

② 驻印尼经商参处：《李克强总理与佐科总统举行会谈》，http：//id. mofcom. gov. cn/article/sxtz/201805/20180502741890. shtml，2018年5月10日。

国和新兴市场经济体代表,中国高度重视发展同印尼的关系,为了进一步巩固两国关系发展良好势头,推动双方务实合作迈上新台阶,中方愿将"一带一路"倡议同印尼"全球海洋支点"构想更好对接,打造一批示范性项目,推动纺织、汽车、电子、化工、食品饮料等领域的合作提质升级;两国将加强创新战略对接,积极拓展数字经济、绿色经济、海洋经济、共享经济等方面的合作,共同提升两国创新能力;中国愿与印尼等相关东盟国家一道打造东盟东部增长区"4+1"合作新平台,加快次区域发展,助力东盟一体化进程;中方支持企业参与印尼"区域综合经济走廊"建设,开展铁路、公路、机场、港口、桥梁、通信等基础设施合作,鼓励中国有关金融机构按照市场化原则为双方合作项目提供融资支持,印尼方为项目落地提供政策支持和签证便利;中方愿进口更多印尼有竞争力的特色产品,包括棕榈油、油气、橡胶等大宗商品和咖啡、燕窝、水果等农产品,也希望印尼方解除对中国果蔬产品的进口限制。中印(尼)双方同意加强海关、检验检疫、认证认可等领域合作,提高贸易便利化水平。大力发展跨境电子商务,为两国中小企业合作搭建桥梁。中印(尼)将广泛开展教育、文化、旅游、媒体、体育等领域的交流合作,同意深化旅游合作,开通更多直航,推动年度人员往来朝着 300 万人次目标迈进。[①]

未来中国和印尼以全产业链优化布局为目标的产能合作,其关键是要明确双方参与主体在全产业链优化布局上的地位和作用。在农业领域,可共建中国—印尼农业科技全产业链合作体系,重点布局食品深加工、生物制药、保健品等高附加值产业,打通农产品生产、加工、储存、流通、销售等全流程环节。

---

① 驻印尼经商参处:《李克强总理在中国—印尼工商峰会上的主旨演讲》,http://id.mofcom.gov.cn/article/jjxs/201805/20180502741897.shtml,2018 年 5 月 10 日。

在能源与矿产领域的合作成为中国与印尼战略对接的新的合作点。大力发展与印尼在能源领域的合作，一方面，可以促进中国油气进口来源的多元化，降低运输成本；另一方面，可以促进印尼能源市场稳定发展。在矿产资源领域可加强产业园的科技支撑，提高矿产资源利用效率。在制造业领域，目前在印尼的外国直接投资大部分集中在雅加达周边，且大部分以印尼本地市场为目标。印尼政府希望推动外资到印尼其他地区投资，尤其鼓励投资出口型的制造业，希望以此提高印尼产品的国际竞争力，并推动当地经济发展，缩小不同地区间的经济差距。就加强中印（尼）两国产能合作而言，中国的轻工制造业面临转型升级，近年来国内用工成本上升、原材料价格上涨等，部分工厂已经开始向中西部地区和东南亚迁移。而印尼有相对低廉的劳动力和资源价格，中国和印尼可推动轻工制造领域的产业合作。目前中国无论是造船业还是航运业都有相当富余的产能，同时拥有国际上相对领先的建造和经营能力，因此印尼市场对中国基础设施建设企业、造船企业来说均是一个机遇。在与印尼的战略对接过程中，中国可应印尼要求增加对其基础设施的投资，通过参与一系列有代表性的重大工程树立中国企业在印尼的品牌和声誉。"一带一路"建设与印尼"全球海洋支点"战略在基础设施领域的对接可包括以下方面：一是在资金方面，可充分利用亚洲基础设施投资银行（亚投行）、丝路基金、中国—东盟海上合作基金等的优惠贷款；二是在陆路运输方面，可根据印尼的需要，协助其修建公路以及输出高铁产品；三是在海洋运输方面，可协助其发展港口、航运设施。

总之，印尼矿产资源丰富、地缘位置重要，是"21世纪海上丝绸之路"上的重要国家之一。在中国经济发展进入新常态、印尼基础设施建设掀起新热潮的背景下，加强与印尼的产能合作是中国与亚洲新兴国家开展互利合作的重要抓手，中印（尼）产能合作不仅创造就业岗位，提高当地的经济发展水平，还有利于促进双方不断提升技术、质量和服务水平以增强整体素质和核心竞争力，进一步加快印尼经济结构转型。将来中印（尼）应坚持"求同存异"，加大合作力度，明确中印（尼）产能合作框架，制定两国经济发展战略规划，积极推进"一带一路"倡议与印尼"全球海洋支点"战略有效对接，形成合作的"最大公约数"。积极探索对印尼境外合作园区的规划建设，通过产能合作推动中印（尼）产业集聚区建设，形成多功能产业园区；兼顾双边利益、发挥比较优势，注重全面布局，避免无序或恶性竞争。此外，中印（尼）双方还可深化海洋科技领域合作，探索推进中印（尼）海洋产业经济领域的交流与合作。也可探索多样化融资渠道，拓展中印（尼）产能合作的深度与广度，打造中印（尼）产能合作新领域和新模式。充分发挥中国进出口银行和国家开发银行等政策性银行、丝路基金、国际产能合作基金、亚投行等金融机构的支撑作用，创新融资渠道，为中印（尼）产能合作提供资金支持，助力中印（尼）产能合作顺利开展。

第一章　农业合作

第一节　印尼农业发展状况

一　印尼农业概况

农业一直在印尼经济结构中占有非常重要的地位，表 1-1 给出了印尼 2007—2017 年的农业概况。从农业产值来看，农业、林业和渔业增加值占 GDP 比例比 2007 年稍有下降，到 2017 年为 13.14%；农业、林业和渔业增加值年增长率有所提高，2007 年为 3.47%，2017 年增加到 3.81%。农业内部结构演变的一般趋势主要体现在三方面：一是传统农业向现代农业转变，从技术性较低的粗放型农业向技术性较高的集约型农业发展；二是农业内部各子部门协调发展；三是农业产业化水平不断提高，农业由分散个体化经营走向产业化规模经营，种植业内部经济作物比重不断提高。农用拖拉机使用量、柴油发动机使用量、灌溉设施覆盖率是衡量农业机械化和专业化程度指标。目前印尼购买大型、高端的农机设备还有一定的困难，适用的主要是价格低、维护方便、适用性比较强的小型农机，印尼农业机械化程度还处于比较低的阶段。印尼人口众多，总耕地面积少，人均耕地面积很低。据统计，2016 年印尼农业用地 57 万平方公里，占陆地面积的 31.46%，其中可耕种土地 2350 万公顷，可耕种土地占陆地比例为 13%，人均可耕地面积约 0.09 公顷，农业生产较分散，这不利于推行农机规模化使用。

灌溉设施作为农业的基础设施,印尼农业也面临着很大的不足,印尼大部分地区缺乏完善的灌溉系统。20世纪70年代中期到90年代中期,印尼政府曾对农业基础设施进行大量投资,在爪哇岛和全国各地兴建水利工程,印尼一度成为东南亚农业灌溉面积最大的国家,长期以来,水利灌溉渠道受自然灾害和居住、工业占用破坏程度严重,政府没有修筑新的灌溉系统,也没有对旧的灌溉设施进行修复,使得印尼农业灌溉水平停滞不前。2002年农业灌溉土地占比为16.5%,2005年农业灌溉土地占比为16%,印尼农业灌溉系统仍没有得到明显改善。据2009年印尼公共工程部统计数据,灌溉耕地面积共740万公顷,其中186万公顷耕地灌溉设施损坏,其余560万公顷灌溉设施尚好,13省水利灌溉设施亟待修复。近年来印尼政府加大农业基础设施修复力度,2013年印尼政府计划在四年之内筹集20.4亿美元对所有损坏的灌溉系统进行修复。[①]

表1-1　　　　　印尼农业概况(2007—2017年)

	2007年	2010年	2015年	2016年	2017年
农业、林业和渔业增加值					
农业、林业和渔业增加值(2010年价格,亿美元)	936.98	1051.79	1288.66	1331.89	1382.66
农业、林业和渔业增加值(现价,亿美元)	592.86	1051.79	1161.52	1255.85	1334.65
人均农业、林业和渔业增加值(2010年价格,美元)	2224.70	2432.98	3331.68	3481.75	3641.95
水产养殖产量(百万吨)	3.14	6.28	15.60	16.60	—
农业、林业和渔业增长率(%)	3.47	3.01	3.75	3.36	3.81
农业、林业和渔业增加值占GDP比例(%)	13.72	13.93	13.49	13.47	13.14

---

① 卢泽回:《经济转型背景下印尼农业结构演变研究》,《生产力研究》2014年第4期。

续表

	2007 年	2010 年	2015 年	2016 年	2017 年
农业就业					
农业就业占总就业比例（%）	41.28	39.15	33.04	31.82	31.17
女性农业就业占女性总就业比例（%）	41.42	38.42	32.56	30.05	29.35
男性农业就业占男性总就业比例（%）	41.20	39.59	33.33	32.92	32.31
农产品贸易					
农业初级出口占商品出口比例（%）	6.25	6.54	4.93	4.77	5.38
农业初级进口占商品进口比例（%）	3.51	3.06	2.89	3.09	3.26
关税税率					
所有产品简单平均适用关税税率（%）	5.57	5.18	—	6.31	5.86
初级产品简单平均适用关税税率（%）	4.24	5.97	—	7.18	
所有产品加权平均适用关税税率（%）	2.90	2.56	—	2.64	2.06
初级产品加权平均适用关税税率（%）	2.01	1.85	—	2.35	
所有产品简单平均最惠国关税税率（%）	6.91	7.39	—	7.88	8.10
初级产品简单平均最惠国关税税率（%）	6.66	7.86	—	6.77	
所有产品加权平均适用最惠国关税税率（%）	3.87	4.74	—	5.40	5.67
初级产品加权平均适用最惠国关税税率（%）	2.50	2.54	—	3.33	
农业用地					
农业用地比例占陆地比例（%）	29.26	30.69	31.46	31.46	—
农业用地（万平方公里）	53.00	55.60	57.00	57.00	—
可耕种土地占陆地比例（%）	12.14	13.03	12.97	12.97	—
人均可耕种土地（公顷）	0.09	0.10	0.09	0.09	—
可耕种土地（百万公顷）	22.00	23.60	23.50	23.50	—
肥料消耗占肥料产量的百分比（%）	121.08	105.94	120.27	130.24	—

续表

	2007年	2010年	2015年	2016年	2017年
肥料消耗量（千克/公顷耕地）	181.46	181.52	223.02	231.37	—
森林面积占土地面积的百分比（%）	53.26	52.13	50.24	49.86	—

资料来源：世界银行WDI数据库。

农作物单位产量是农业劳动生产效率的重要体现，也是衡量农业现代化状况的指标之一。印尼人均农业增加值也逐年提高，按2010年不变价格计算，印尼人均农业增加值从2007年的2225美元增加到2010年的2433美元，到2017年进一步增加到3642美元。当前印尼农业现代化水平有了一定程度的提高，但与东盟邻近国家以及发达国家相比，印尼农业现代化水平还有一段很大的距离，印尼农业正处于传统阶段向现代化阶段过渡时期，并且处于比较初期的阶段，还没有实现质的突破。

随着农业不断发展以及工业化、城市化进程加快，农村人口发生了转移，使得印尼农村人口占总人口比重不断下降，虽然印尼农业就业人员比例较高，但呈逐年下降趋势，从2007年的41.3%下降到2017年的31.2%；在2007年女性就业占女性总就业比例较高，为41.4%，高于同期男性就业占男性总就业41.2%的比例；但到2017年，男性就业占男性总就业的比例为32.3%，高于同期女性就业占女性总就业29.4%的比例。从农产品贸易来看，农业初级出口占商品出口比例在2007年为6.25%，到2010年上升到6.54%，此后有所下降，到2017年为5.38%；农业初级进口占商品进口比例在2007年为3.51%，但到2010年下降到3.06%，到2017年回升到3.26%。印尼初级产品简单平均税率与所有产品关税税率相比较高，2016年初级产品简单平均税率为7.18%，但初级产品加权平均税率仅为2.35%。

表1-2给出了2000—2017年印尼对世界经济体农业出口贸

易增加值及其农业出口贸易增加值的构成。其中印尼出口到中国的农林牧渔业贸易增加值在 2000 年为 2.9 亿美元，占印尼农林牧渔业总出口贸易增加值的 22.14%；但出口到中国的农林牧渔业贸易增加值占比呈下降趋势，到 2017 年占印尼农林牧渔业总出口贸易增加值的 8.62%。

表 1-2　　　　印尼对世界经济体农业出口贸易增加值及其出口贸易增加值构成

	2000 年		2005 年		2011 年		2015 年		2017 年	
	增加值（百万美元）	比重（%）	增加值（百万美元）	比重（%）	增加值（百万美元）	比重（%）	增加值（百万美元）	比重（%）	增加值（百万美元）	比重（%）
澳大利亚	8.87	0.68	16.64	0.78	15.76	0.28	19.95	0.41	28.61	0.50
奥地利	3.13	0.24	7.90	0.37	0.38	0.01	0.56	0.01	0.46	0.01
比利时	6.56	0.50	6.51	0.31	35.02	0.62	38.64	0.79	52.58	0.92
保加利亚	2.16	0.16	1.78	0.08	3.59	0.06	2.99	0.06	3.93	0.07
巴西	13.13	1.00	37.30	1.75	116.82	2.06	69.73	1.43	103.74	1.82
加拿大	28.03	2.14	35.73	1.68	95.24	1.68	34.53	0.71	43.49	0.76
中国	289.88	22.14	459.71	21.59	646.76	11.41	440.33	9.02	490.71	8.62
塞浦路斯	0.03	0.00	0.03	0.00	0.10	0.00	0.10	0.00	0.11	0.00
德国	55.68	4.25	72.02	3.38	172.57	3.04	130.56	2.67	155.34	2.73
丹麦	5.91	0.45	21.03	0.99	2.88	0.05	7.14	0.15	10.28	0.18
西班牙	9.56	0.73	12.94	0.61	102.73	1.81	31.45	0.64	40.11	0.70
爱沙尼亚	0.08	0.01	0.59	0.03	0.27	0.00	0.38	0.01	0.52	0.01
芬兰	0.53	0.04	0.37	0.02	20.67	0.36	10.92	0.22	12.70	0.22
法国	17.74	1.35	32.85	1.54	109.20	1.93	57.84	1.18	69.55	1.22
英国	19.67	1.50	30.45	1.43	48.65	0.86	23.32	0.48	29.09	0.51
希腊	1.85	0.14	0.24	0.01	1.72	0.03	2.58	0.05	3.18	0.06
匈牙利	3.13	0.24	0.44	0.02	6.10	0.11	2.03	0.04	2.41	0.04
印度	64.04	4.89	74.16	3.48	98.95	1.75	91.82	1.88	127.10	2.23
爱尔兰	0.52	0.04	3.61	0.17	6.62	0.12	1.66	0.03	1.75	0.03
意大利	12.13	0.93	75.59	3.55	80.00	1.41	45.22	0.93	56.61	0.99
日本	87.57	6.69	234.02	10.99	791.48	13.96	398.58	8.16	530.37	9.31

续表

	2000 年		2005 年		2011 年		2015 年		2017 年	
	增加值（百万美元）	比重（%）	增加值（百万美元）	比重（%）	增加值（百万美元）	比重（%）	增加值（百万美元）	比重（%）	增加值（百万美元）	比重（%）
韩国	27.39	2.09	41.25	1.94	211.80	3.74	105.60	2.16	139.54	2.45
墨西哥	16.62	1.27	19.11	0.90	40.14	0.71	21.69	0.44	23.14	0.41
荷兰	29.97	2.29	16.31	0.77	101.44	1.79	51.10	1.05	52.20	0.92
波兰	14.20	1.08	14.66	0.69	56.61	1.00	28.44	0.58	36.74	0.65
葡萄牙	0.80	0.06	0.62	0.03	1.16	0.02	5.73	0.12	7.23	0.13
罗马尼亚	2.01	0.15	4.88	0.23	21.50	0.38	12.12	0.25	16.69	0.29
俄罗斯	5.18	0.40	7.46	0.35	208.37	3.67	35.83	0.73	43.97	0.77
美国	227.91	17.41	348.36	16.36	792.66	13.98	634.83	13.00	669.64	11.76
孟加拉	31.26	2.39	19.45	0.91	35.00	0.62	20.65	0.42	96.85	1.70
马来西亚	171.25	13.08	101.66	4.77	672.59	11.86	636.46	13.04	985.46	17.30
菲律宾	55.32	4.23	29.33	1.38	61.60	1.09	444.64	9.11	360.14	6.32
泰国	19.24	1.47	25.08	1.18	380.14	6.70	258.77	5.30	56.33	0.99
越南	3.90	0.30	71.26	3.35	357.84	6.31	559.88	11.47	332.20	5.83

资料来源：亚洲开发银行（ADB）：*Key Indicators for Asia and the Pacific* 2015（KI 2015）、*Key Indicators for Asia and the Pacific* 2017（KI 2017）、*Key Indicators for Asia and the Pacific* 2018（KI 2018）。该数据利用世界投入产出数据库（World Input-Output Database, WIOD）、经济合作与发展组织（OECD）投入产出表（input-output tables, IOT）等数据的基础上，增加了部分亚洲经济体，编制多区域投入产出表（multiregional input-output tables, MRIOT）和贸易增加值统计数据库，并根据 Wang 等人（2013）提出的方法将贸易增加值数据进行分解（Wang, Zhi, Shang-jin Wei and Kunfu Zhu, 2013, Quantifying International Production Sharing at the Bilateral and SectorLevels, *NBER Working Paper*, No.19677, Cambridge, MA: National Bureau of Economic Research.）。*Key Indicators for Asia and the Pacific* 2015（KI 2015）中给出了 45 个经济体与其他世界经济体（ROW）、35 个行业部门的详细分解值；2017 年将经济体扩展到 60 个（及其他世界经济体）；2018 年包括 62 个经济体（及其他世界经济体）。

二 印尼农业作物

农作物包括粮食作物和经济作物，二者的比重关系是衡量农业商品化程度和农业结构优化程度的重要指标，如果粮食作物比重偏高，农业的商品化程度就会偏低，从而农业支持工业发展程度非常有限。表1-3给出了印尼1975—2017年主要粮食作物产量。大米是最主要的食用粮食，也是最重要的粮食作物，印尼是东盟最大的水稻生产国，年均水稻种植面积达到近1200万顷，占全部作物种植面积的50%以上。印尼90%的水稻田具有浇灌设施，但由于水资源管理水平较低、灌溉设施较差以及生产成本不断增加，大米生产增长速度较慢，长期以来不能满足消费需求。20世纪60年代后期至80年代中期，印尼政府将实现大米自给目标作为农业发展的重点，1975年大米产量为2920万吨，此后有所下降；到1980年为2016万吨，此后受益于国家对稻谷产业的重视，水稻产量呈逐年增加趋势，到1990年增加到4518万吨，2000年为5190万吨，到2010年进一步增加到6647万吨，2017年为8115万吨。阻碍印尼大米生产增长的最大原因是农民拥有的土地面积非常小，为了鼓励大米生产，印尼政府采取了多项措施，如提供特殊贷款、增加肥料和种子补贴、扩大种植面积等。但印尼政府过于强调加大大米生产，也导致了其他粮食作物和经济作物发展相对缓慢，粮食作物内部生产结构比例一度失调，非稻谷粮食作物产量较低，农业结构呈现单一种植制格局。

表1-3　　　　印尼主要粮食作物产量（1975—2017年）　　　单位：千吨

年份	大米	玉米	木薯	红薯	花生	大豆
1975	29202	2903	12546	2433	380	590
1980	20163	3991	13726	2074	470	653
1990	45179	6734	15830	1971	651	1487
2000	51899	9677	16089	1828	737	1018
2001	50461	9347	17055	1749	710	827
2002	51490	9654	16913	1772	718	673
2003	52138	10886	18524	1991	786	672

续表

年份	大米	玉米	木薯	红薯	花生	大豆
2004	54089	11225	19424	1901	837	723
2005	54151	12523	19321	1857	836	808
2006	54455	11610	19987	1854	838	748
2007	57157	13288	19988	1887	789	593
2008	60326	16317	21757	1882	770	776
2009	64399	17630	22039	2058	778	975
2010	66469	18328	23918	2051	779	907
2011	65757	17643	24044	2196	691	851
2012	69056	19387	24177	2483	713	843
2013	71280	18512	23937	2387	702	780
2014	70846	19008	23436	2383	639	955
2015	75398	19612	21801	2298	605	963
2016	79358	23576	20261	2169	570	860
2017	81149	28924	19054	2029	495	539

资料来源：CEIC 数据库。

印尼有 10000 多个岛屿，各个岛屿之间自然条件、人口居住、经济条件有很大的差异，印尼区域经济发展不平衡，西部发达、东部落后的面貌由来已久，农业发展水平差距悬殊。爪哇岛面积占全国面积的 7%，然而却生产了绝大部分的粮食作物，爪哇生产的稻谷、玉米、木薯等粮食作物总量占全国总产量的 60%—80%，蔬菜、水果超过一半的数量也来自于爪哇生产。印尼稻米主产区为东爪哇省、西爪哇省和中爪哇省，2010 年分别占全国总产量的 17.52%、17.66% 和 15.21%（见表 1-4）。近年来，随着爪哇岛工业化和城市化进程加快，农业用地被工业建厂、住宅建设等项目挤占，爪哇稻米产量不断下降，东爪哇省、西爪哇省和中爪哇省 2017 年分别占全国总产量的 16.09%、15.16% 和 14.04%。此外，南苏拉威西岛、南苏门答腊岛、北苏门答腊岛稻米产量所占比重也较高，2017年分别占全国总产量的7.46%、6.09%和6.33%。

表1-4　　印尼稻米分地区产量及其占比（2010—2017年）

	产量（千吨）				占比（%）			
	2010年	2015年	2016年	2017年	2010年	2015年	2016年	2017年
总产量	66469.4	75397.8	79358.4	81148.6	100.00	100.00	100.00	100.00
旱地水稻	3451.3	3631.3	3872.2	3782.5	5.19	4.82	4.88	4.66
湿地水稻	63018.1	71766.5	75486.2	77366.0	94.81	95.18	95.12	95.34
亚齐	1582.4	2331.0	2205.1	2494.6	2.38	3.09	2.78	3.07
北苏门答腊	3582.3	4044.8	4609.8	5136.2	5.39	5.36	5.81	6.33
西苏门答腊	2211.2	2550.6	2503.5	2824.5	3.33	3.38	3.15	3.48
占碑	628.8	541.5	752.8	782.0	0.95	0.72	0.95	0.96
南苏门答腊	3272.5	4247.9	5074.6	4943.1	4.92	5.63	6.39	6.09
明古鲁	516.9	578.7	642.8	731.2	0.78	0.77	0.81	0.90
楠榜	2807.7	3641.9	4020.4	4249.0	4.22	4.83	5.07	5.24
邦卡—伯利东	22.3	27.1	35.4	37.1	0.03	0.04	0.04	0.05
雅加达	11.2	6.4	5.3	4.2	0.02	0.01	0.01	0.01
西爪哇	11737.1	11373.1	12540.6	12299.7	17.66	15.08	15.80	15.16
中爪哇	10110.8	11301.4	11473.2	11396.3	15.21	14.99	14.46	14.04
日惹	823.9	945.1	882.7	881.1	1.24	1.25	1.11	1.09
东爪哇	11643.8	13155.0	13633.7	13060.5	17.52	17.45	17.18	16.09
万丹	2048.0	2189.0	2358.2	2413.5	3.08	2.90	2.97	2.97
巴厘岛	869.2	853.7	845.6	836.1	1.31	1.13	1.07	1.03
西加里曼丹	1343.9	1275.7	1364.5	1398.0	2.02	1.69	1.72	1.72
中加里曼丹	650.4	893.2	774.5	771.9	0.98	1.18	0.98	0.95
南加里曼丹	1842.1	2140.3	2313.6	2452.4	2.77	2.84	2.92	3.02
东加里曼丹	588.9	408.8	305.3	400.1	0.89	0.54	0.38	0.49
北加里曼丹	584.0	674.2	678.2	775.8	0.88	0.89	0.85	0.96
中苏拉威西	957.1	1015.4	1103.2	1144.4	1.44	1.35	1.39	1.41
南苏拉威西	4382.4	5471.8	5727.1	6055.4	6.59	7.26	7.22	7.46

续表

	产量（千吨）				占比（%）			
	2010年	2015年	2016年	2017年	2010年	2015年	2016年	2017年
东南苏拉威西	454.6	660.7	697.0	711.4	0.68	0.88	0.88	0.88
西苏拉威西	362.9	461.8	548.5	667.1	0.55	0.61	0.69	0.82
西努沙登加拉	1774.5	2417.4	2095.1	2323.7	2.67	3.21	2.64	2.86
东努沙登加拉	555.5	948.1	924.4	1090.8	0.84	1.26	1.16	1.34
马鲁古	83.1	117.8	99.1	104.7	0.13	0.16	0.12	0.13
巴布亚	34.3	30.2	27.8	257.9	0.05	0.04	0.04	0.32
西巴布亚	102.6	181.8	233.6	29.5	0.15	0.24	0.29	0.04

资料来源：CEIC数据库。

爪哇岛以外的外岛农业发展滞后的主要原因是政府投资过少、基础设施落后，导致外资和私人投资相当缺乏，这种区域农业发展不平衡的格局势必给资源配置带来负面影响，进而影响到印尼整体经济建设效益。印尼未来的农业发展方向应该加大落后地区的基础设施建设，发挥区域之间比较优势，充分利用当地自然条件、资源发展特色产业，加强区域经济分工与联系，以缩小农业区域发展不平衡差距。

此外，印尼的玉米、大豆以及木薯等作物产量也比较高。玉米是印尼第二大粮食作物，也是最主要的饲料生产原料，全国玉米消费总量的50%用于生产饲料，其余用于生产食品。由于政府强调自给，国内玉米种植面积逐年增加，国内玉米产量呈增加趋势，玉米进口量现已减少。进口玉米主要用于生产鸡饲料。东爪哇省是印尼最大的玉米主产省。其余产量较高的省分别是中爪哇省、楠榜省、南苏拉威西省、北苏门答腊省和西爪哇省。印尼对大豆的需求一直比较强劲，国内消费者将豆制品当作摄取蛋白质的主要来源。印尼政府制定了到2007年实现大豆自给的奋斗目标，由于气候不适合、生产成本高、种子质量低等原因，印尼国内大豆产量始终难以提高，大豆产量从2009年的97.5万吨降至2013年的78万吨，近年来大豆产量开始呈现上升趋势，2014年为95.5万吨，2015年进一步增加为99.9万吨；但到2017年又下降到54万吨，导致政府目标难以实现；国产大豆仅占国内消费总量的1/3，其余所需大豆则依靠进口，其中90%以上来自美国。

在印尼，木薯主要用于食品（水煮、油炸、发酵等），木薯粉也可制成饼干和一些传统食品，木薯叶可作蔬菜和饲料，木薯片（cassava chips）用作饲料，也可用于生产山梨醇、果糖、葡萄糖、乙醇等产品，还用于造纸业、纺织业、胶合板等。木薯在印尼各省（州）的种植面积差异较大，种植面积最大的省为楠榜，其次为东爪哇、中爪哇、西爪哇、苏门答腊等省（州）。木薯总产量也集中在楠榜、东爪哇、中爪哇、西爪哇等省；2013年楠榜省、南苏拉威西省、东爪哇省和中爪哇省木薯合计占总产量的68.7%。印尼的木薯进口的绝对量比较小，主要具体产品为木薯干和木薯淀粉；木薯干出口大于进口，木薯淀粉进口大于出口，但木薯淀粉进口均价小于出口均价。[①]

三 印尼经济作物

20世纪80年代中期国际石油价格暴跌导致印尼油气产品出口受阻，外汇收入大幅下降，印尼政府开始重视经济作物发展。近年来印尼政府非常重视农业多元化经营，采取综合型的农业发展战略，大力发展粮食作物的同时，给种植园业优先发展机会，天然橡胶、棕榈油、咖啡、可可等经济作物列为重点发展品种。随着国民经济的崛起，印尼粮食生产与经济作物发展逐渐趋向平衡，农业结构由单一粮食种植制走向多元化经营的大

---

① 郑华、李军、罗燕春、盘欢、文峰：《印度尼西亚木薯产业概述》，《农业研究与应用》2013年第5期。

农业体制。印尼经济作物大多在种植园种植,为了提高经济作物产量,政府向小种植园提供低息贷款用于翻种和扩大种植面积。当前,印尼棕榈油产量世界第一,是世界最大棕榈油出口国;天然橡胶、椰子产量居世界第二;可可和咖啡产量分别位居世界第三位和第四位。

表1-5 印尼主要经济作物产量(2000—2017年) 单位:千吨

年份	干橡胶	棕榈油	棕榈仁	可可	咖啡	茶叶	金鸡纳树皮	蔗糖	烟草
2000	336.2	4094.0	930.6	60.5	29.5	127.8	0.6	1896.3	14.8
2001	338.7	4092.7	937.9	60.3	27.3	131.3	0.5	1869.7	4.9
2002	330.7	4224.6	963.9	58.5	26.1	131.4	0.6	2077.6	4.2
2003	337.1	5493.6	1248.6	56.9	24.0	131.6	0.8	1974.4	4.7
2004	341.3	5409.1	1270.4	57.1	28.9	134.4	0.6	2161.8	2.4
2005	415.5	9247.4	2115.9	57.1	28.8	122.3	0.6	2205.4	5.0
2006	450.4	10869.4	2315.8	55.6	25.1	114.4	0.6	2266.7	3.9
2007	445.6	11809.9	2592.2	59.1	22.6	128.5	0.5	2587.6	3.5
2008	452.1	12248.9	2846.5	56.1	22.9	128.0	0.5	2256.9	3.6
2009	513.6	12618.9	2784.9	67.1	26.2	121.8	0.6	2590.5	3.2
2010	522.9	13403.2	2998.2	68.7	27.8	120.7	0.7	2523.5	3.0
2011	532.0	16908.6	3994.7	44.9	23.7	134.7	0.6	1348.2	3.0
2012	586.1	16181.2	3459.0	62.0	29.0	93.6	0.5	2592.5	2.7
2013	670.4	17390.5	3648.2	54.5	29.9	96.0	0.2	2554.9	2.7
2014	533.4	18400.8	5088.2	47.2	43.9	76.7	0.1	1783.9	2.7
2015	400.9	17070.9	4246.6	38.5	40.8	56.6	0.2	622.3	3.0
2016	440.9	15147.9	3787.1	41.6	22.1	44.0	0.1	695.5	2.6
2017	451.5	15983.3	4174.8	44.6	22.9	44.7	0.1	918.8	2.7

资料来源:CEIC数据库。

(一)橡胶

橡胶种植面积居世界首位,但产量次于泰国,1999年天然橡胶的种植面积达到360.7万公顷，其后由于小胶园面积减少，种植面积逐年略有下降，但基本保持平稳。2009年印尼的橡胶种植面积还在350万公顷左右，但每公顷橡胶田的年产量由2000年的670公斤提高到1000公斤以上，增长50%多。印尼橡胶种植模式多采用农林混作制度，经济成本相对较低。印尼橡胶各区域的产量主要分布在北苏门答腊、南苏门答腊、西苏门答腊、西加里曼丹等区域。印尼重视橡胶加工能力的建设，苏门答腊、爪哇一带主产区都有强大的加工企业集群，巨港和棉兰两市的天然橡胶加工能力在120万吨以上；企业规模都较大，年生胶加工能力2万—6万吨，平均为5万吨/年。由于印尼橡胶加工业不发达，本国消费量很少，产量中的90%以上多用于出口，主要输往美国、日本、中国、拉美国家、新加坡、韩国、德国等。印尼出口橡胶以工艺分类橡胶（TSR）为主，占整个橡胶出口量的91%；其中工艺分级橡胶TSR20占89.3%；烟片胶出口量占7.8%，此外还有少量的胶乳出口。早在2013年，印尼政府为吸引外国投资，拟修改投资负面清单，计划向外资开放6个禁止的领域，同时提高物流、医药和轮胎工业等领域的外资持股上限。但此举遭到印尼当地业界的强烈反对，印尼物流和货代协会认为，目前外资在印尼物流企业中的持股上限为49%，有利于本地经营者的发展，增强印尼国内物流系统运输能力，政府应该将仓储物流等本国物流企业力所能及的业务交给本国企业，外资应该更多关注资本密集型、技术密集型和劳动密集型行业。印尼医药协会表示，印尼政府应该保障通用药物制造公司中本国投资的绝对控股，放开外资持股限制的规定应仅适用于需要大量投资的专利药物制造公司。目前外资在印尼通用药物制造公司的持股上限为25%，当地药厂控制了印尼80%的通用药物市场。印尼轮胎制造商协会认为，印尼橡胶种植园产量较低，每公顷橡胶园仅能生产天然橡胶880—1000公斤，而马来西亚和泰国分别多达每公顷1500公斤。印尼轮胎产业生产原料供应不足，不能满足日渐增长的产业发展的需要，因此印尼轮胎产业不适宜增加新的投资。①

印尼的橡胶种植面积约360万公顷，其中超过85%由农户拥有。据印尼产业协会报告，2016年橡胶种植园雇用了约250万工人，并创造了340亿美元的出口外汇。但橡胶在印尼的价格仅相当于泰国和马来西亚的一半，由于全球产量过剩以及全球需求下降，每公斤橡胶的价格从2011年的5美元降至2015年的1.2美元，2016年橡胶价格升至每公斤逾2美元，但该升幅是由于印尼、马来西亚和泰国（三国橡胶产量合计占全球供应的80%）联合削减供应所致。尽管有上述温和涨幅，但绝大多数印尼橡胶农民的收入仍仅为第一和第三大橡胶生产国（即泰国和马来西亚）橡胶农民收入的一半。印尼当地评论称，印尼政府应当调查印尼农民橡胶售价过低的原因，包括农户与橡胶加工企业之间的关系。此外，一些研究指出，由于树龄较老，印尼橡胶种植园的产量仅为泰国和马来西亚的一半；由于操作习惯不良等原因，印尼乳胶的质量也比较低。② 为改善橡胶农民的福利和提高民营橡胶种植园的生产能力，印尼政府与橡胶业协会一起为民营橡胶种植园制定了重新种植橡胶树的计划。在实施民营种植园的重新种植橡胶树计划中，橡胶出口关税资金将由资金管理机构（BPDP）管理。BPDP将获得橡胶研究所、地方种植园局以及大型企业的支持，加工民营种植园的天然橡胶。③ 2018年4月，随着印尼政

---

① 驻印尼经商参处：《印尼政府拟修改投资负面清单，向外资开放更多领域，但遭本国业界强烈反对》，http://id.mofcom.gov.cn/article/jjxs/201309/20130900306003.shtml，2013年9月12日。

② 驻印尼经商参处：《印尼媒体呼吁政府关注橡胶价格过低原因》，http://id.mofcom.gov.cn/article/sbmy/201709/20170902650649.shtml，2017年9月14日。

③ 驻印尼经商参处：《印尼政府拟定重新种植橡胶树计划》，http://id.mofcom.gov.cn/article/jjxs/201712/20171202680465.shtml，2017年12月5日。

府取消将橡胶粉工业列入负面投资清单的计划，印尼国内橡胶工业或面对外国投资大量进入的威胁冲击。印尼橡胶理事会要求政府再度审查从负面投资清单取消橡胶粉工业的计划，认为现在无须增加新投资，政府须致力于提高已有橡胶加工业的产量，并革新民间橡胶园。①

（二）棕榈油

目前世界上有约 20 个国家在生产棕榈油，主要生产国有马来西亚、印尼和尼日利亚等，这三个国家的总产量占世界棕榈油总产量的 88%。过去十多年来印尼棕榈种植面积和棕榈油产量持续增加，2007 年印尼的棕榈原油产量达到 1750 万吨，超过马来西亚成为世界最大的棕榈油生产国。印尼棕榈以大型种植园为主，2013 年棕榈种植面积占全国总面积的 73.5%，棕榈油产量占全国总产量的 64.6%。印尼棕榈种植园长期以来主要有三种经营模式：大型私人种植园、国营种植园和个体农户小型种植园。近年来为适应国际市场发展和价格波动的情况，棕榈种植园模式结构发生较大变化，逐渐由政府主导和控制市场转向私人经营和市场自我调节为主，国营种植园的面积和产量在总种植面积和产量中所占比重有所下降，大型私人种植园的面积和产量比重则优速上升，已发展成为棕榈油业的支柱。②印尼共有 19 个省种植和生产棕榈油：北苏门答腊、西苏门答腊、廖内省、南苏门答腊、明古鲁、楠榜、占碑、亚齐、邦加勿里洞、西爪哇、南苏拉威西、中苏拉威西、东南苏拉威西、东加里曼丹、南加里曼丹、中加里曼丹、西加里曼丹和巴布亚省等。2013 年廖内省、北苏门答腊省、中加里曼丹省、南

---

① 驻印尼经商参处：《印尼政府拟取消将橡胶粉工业投资限制》，http://id.mofcom.gov.cn/article/sxtz/201804/20180402727903.shtml，2018 年 4 月 3 日。

② 李霁云：《印尼棕榈油市场发展概况》，《日用化学品科学》2015 年第 2 期。

苏门答腊省和西加里曼丹省合计棕榈种植面积占总面积的62%，棕榈油产量占总产量的67.7%。印尼的棕榈油生产商也很多，其中金光集团（Sinar Mas Group）是印尼最大的棕榈种植、棕榈油精炼加工和油化学品生产商之一，拥有世界上最大的棕榈油精炼厂。著名的生产商还有米南伽奥甘农业公司（PT. Perkebunan Minanga Ogan）和金鹰国际集团（RGM International）等，上述集团和公司掌握印尼大部分棕榈油市场，为印尼和各国提供了大量的棕榈油。

由于近年来全球关注印尼棕榈油业，认为印尼大量砍伐原始森林，危害自然生态，导致东南亚热带雨林出现危机。据世界自然基金会（WWF）的数据，印尼最大岛屿苏门答腊在过去31年失去了56%的天然森林面积，棕榈油业是该岛屿热带雨林消失的最大因素。环保人士皆谴责快速扩张的印尼棕榈油业大肆伐木，危及了许多森林动物的生存空间。2017年4月7日，欧洲议会颁布棕榈决议，通过到2020年在生物燃料方面减少使用甲酯，并对所有棕榈产品制定标准，包括产品须保障可持续性发展、杜绝砍伐森林破坏植被等；该决议还将取消给印尼颁发油棕产品证书。针对欧盟议会日前发布有关棕榈产品许可证及禁止棕榈作为生物柴油基本原料的决议，印尼农业部长苏莱曼表示，印尼在制作棕榈产品的过程中拥有自己的系统标准，并已与马来西亚可持续棕榈油圆桌倡议组织合作，希望欧盟不要插手干预每个国家的制作标准等事务。如果欧盟执意实施该决议，将影响3000多万棕榈农工生活；如棕榈油价跌或利益陡降，农民将在森林寻找新收入来源，会破坏森林环境。[①] 据印尼棕榈油生产者协会公布的数据，印尼2017年棕榈油增产18%，

---

① 驻印尼棉兰总领馆经商室：《印尼政府回应欧盟禁止棕油成为柴油原料决议》，http：//medan.mofcom.gov.cn/article/jmxw/201704/20170402555559.shtml，2017年4月11日。

继续保持全球棕榈油生产领先地位。该协会秘书长多嘎尔表示，虽然欧盟等指责棕榈油生产会加速全球去森林化进程并以此为由征收生物燃料反倾销税，但2017年印尼棕榈油出口规模仍增长了23%，达到310万吨。据印尼棕榈油协会表示，棕榈油及其制品出口的减少受欧盟、印尼和中国的棕榈油贸易影响较大。2018年印度将棕榈油及其制品进口关税由30%和15%分别上调至40%和25%，造成印尼对印度棕榈油出口减少。2017年，印尼对外出口棕榈油及其制品最多的国家是印度，达762万吨；第二是欧盟，502万吨；对中国出口为373万吨。[①]

欧盟于2018年6月决定，在2030年之前逐步开始在生物燃油中淘汰棕榈油成分，这样做是要配合转用可再生能源，全面淘汰燃油。法国国民议会2018年12月9日通过一项2019财政年度预算修正案，要求自2020年起，法国不再使用棕榈油作为生物柴油原料，取消对棕榈油产品的税收优惠政策。鉴于欧盟是东盟最大的投资者（2016年投资额为322亿美元，2017年东盟—欧盟贸易总额达到2574亿美元，欧盟成为东盟第二大贸易伙伴），2018年8月，印尼政府在新加坡举行的东盟—欧盟外长会议上提出印尼棕榈油产品的问题，印尼外交部部长蕾特诺表示，关于印尼棕榈油产品，印尼政府密切关注2018年6月欧盟提出的论点，包括要在2030年可再生能源占比达到32%的建议。然而欧盟通过应用一系列对生物燃料有偏见的标准，有可能出现对印尼棕榈油的歧视，因为它涉及依赖油棕行业的东盟共500多万小农的生计，棕榈油对于支持印尼改善人民生活的努力非常重要，印尼不可能在不考虑与实现可持续发展目标（SDG）相关要素的情况下讨论这个问题。蕾特诺

---

① 驻印尼经商参处：《今年一季度印尼棕榈油及衍生品出口略微下降》，http://id.mofcom.gov.cn/article/sbmy/201805/20180502749558.shtml，2018年5月29日。

部长的声明也得到了马来西亚外交部部长阿卜杜拉·赛亚夫丁的支持。① 印尼外长蕾特诺于2019年1月14日在致东盟的信函中表示，欧盟的行动伤害了东盟棕榈油生产国的利益，致使印尼展延"东盟与欧盟对话关系升级至一个战略性水平的评估"，该信还呼吁东盟其他成员仿效印尼的行动。2018年年初，世界贸易组织裁决支持印尼关于欧盟对生物燃料产品征收不当反倾销税的指控，要求欧盟取消自2013年启动的这项贸易保护措施。此前，另一棕榈油生产大国阿根廷已在对欧盟的同类贸易案件中胜诉。

（三）咖啡

咖啡是印尼主要出口的大宗商品之一，印尼农业部采取多种措施，提高咖啡产量及质量，希望印尼在2025年成为世界领先的咖啡及咖啡产品生产国。2008年印尼咖啡生产和出口位居世界第四，但其咖啡种植面积排名世界第二。印尼咖啡每年每公顷产量792公斤，哥伦比亚为1220公斤，巴西1000公斤，越南1591公斤。自2011年5月3日起，印尼贸易部通过颁布2011年第10号贸易部长条例放宽咖啡出口条件，修改2009年第41号贸易部长条例的约束内容，修改条例目的是为支持咖啡贸易健康竞争。在新条例中的放宽条件措施之一即出口商办理出口许可证时，不需再附上向印尼咖啡出口商协会（AEKI）缴纳会员费的收据。在旧条例中要办理新的出口许可证时，出口商必须附上向印尼咖啡出口商协会缴纳每公斤30盾的会员费，出口数量越多，缴纳的会员费数目越大。新条例的变更还包括咖啡实际出口呈报制度，咖啡出口商不再需要义务向贸易部呈报咖啡实际出口数目，只需通过网上呈报即可。随着国内外咖

---

① 驻印尼经商参处：《印尼外长在东盟—欧盟外长会上再提公正对待棕榈油问题》，http：//id.mofcom.gov.cn/article/jjxs/201808/20180802773377.shtml，2018年8月7日。

啡消费与需求不断增加，印尼咖啡产量持续增长，目前印尼成为仅次于巴西和越南的全球第三大咖啡生产国。虽然印尼进口的咖啡产品不断增加，但印尼咖啡工业发展潜力巨大，并具有一定竞争力。印尼政府承诺将持续推动印尼咖啡工业发展，争取成为全球第二大咖啡生产国。2016年印尼政府拨出5.9万亿印尼盾（约合4.5亿美元）的财政预算，用于提高国内咖啡生产力。①

据印尼咖啡出口商协会称，印尼咖啡的出口目的地主要是美国、欧盟和日本，但印尼咖啡生产低迷，仍有很大潜力提高咖啡出口量，政府须努力提高国内咖啡产量。2018年4月，印尼经济统筹部发布了咖啡生产路线图指南，该指南收集了印尼国内及全球有关咖啡的信息，并解析咖啡业的详细策略，以期发展印尼咖啡生产的潜能。该指南概括了政府有关为咖啡的短期直至长期应采取的发展性、挑战性及策略和措施。印尼政府表示，印尼拥有广阔的咖啡种植园，是继巴西、越南及哥伦比亚之后位居全球第四大的咖啡生产国。但印尼咖啡产量仍远落于其他大生产国，印尼咖啡种植园面积共120万公顷，每公顷仅生产500公斤的咖啡。而越南的咖啡产量达到每公顷2.7吨，越南的咖啡种植园仅63万公顷。在未来5年内咖啡消费量每年增长6.3%，因此印尼必须增加3倍到4倍的咖啡产量。②

（四）可可

印尼是仅次于科特迪瓦的世界第二大可可生产国，其中苏

---

① 驻印尼经商参处：《印尼咖啡年产68.5万吨，为全球第三大咖啡生产国》，http://id.mofcom.gov.cn/article/ziranziyuan/jjfz/201603/20160301287295.shtml，2016年3月31日。

② 驻印尼经商参处：《印尼政府发布咖啡路线图》，http://id.mofcom.gov.cn/article/jjxs/201804/20180402737534.shtml，2018年4月27日。

拉威西是全印尼最大的可可生产地，苏拉威西可可产量占全国的72%。苏拉威西居民80%是农民，其中64%是可可农民。为提高可可产量，印尼政府鼓励重新种植可可树；每公顷的重新种植费约为2500万—3000万盾，费用相当高。农民没有重新种植可可的资金，为此印尼政府提供支持。最近3年来数个地区的可可种植有提高的趋向，不再集中在爪哇岛上，而是已经扩展到印尼东区，如努沙登加拉省和苏拉威西省。2015年印尼农业部决定调拨1.2兆盾，作为最大限度发展可可种植业的资金，促使可可产量达到55万—66万吨的目标。该项资金细分为3项活动经费：一是把老龄可可树重新种植，目前的可可树龄平均为20—25年，需要重新种植；二是该预算将供补贴1年用的肥料和种子；三是将扩展新种植地。目前印尼可可农每公顷土地的平均产量仅达到500公斤，而最理想的产量为每公顷1吨，但印尼可可树感染疾病和受到虫害，导致可可豆体积非常小。2014年印尼落实的可可产量仅40万—50万吨，2015年可可产量能达到55万—66万吨，因为新的可可树已经能够结果。但是印尼可可加工业面临诸多的困难，一是可可种苗老化，产量低，质量下降；二是可可仁销售难；三是在印尼进行可可加工业还要缴纳10%的增值税，使印尼国内同类产品难以与外来产品竞争。2015年有3家外国投资者有意在印尼兴建可可加工设施，其中包括新加坡的奥兰国际有限公司（Olam International Limited），还有2家来自马来西亚的JB Cocoa和Asia Cocoa Indonesia公司。①

　　印尼政府很重视可可种植业的发展，为提高在世界市场上可可产品的竞争力，印尼政府2007年宣布修订可可产品国家标准，并于2008年开始强制实施。印尼政府认为随着世界可可行

---

　　① 《印尼农业部将拨款促使可可产量达到66万吨的目标》，《世界热带农业信息》2015年第2期。

业发展，2000年印尼出台的有关可可产品的01—2323号国家标准已落后于世界市场标准，印尼若提高在世界市场的竞争力必须满足当前国际标准。印尼为此成立可可委员会，就如何修订国家标准，提高可可竞争力及建立完善的可可种植、生产、加工、销售体系等进行准备工作。除完善标准外，印尼政府还通过改善种植方式、给予政府补贴、提高农民生产效率等手段增加可可产量。2006年印尼90%的可可园为个体农民所有，他们仍采取比较落后的种植技术，产量比较低，每公顷的产量为0.7—0.8吨，如果辅之正确的种植技术，每公顷产量可达到1.8吨。印尼政府很重视可可的种植，在5年内拨出5.47万亿盾（约合6亿美元）用于发展可可种植业，其中1.39万亿盾用于开辟5万公顷的土地种植可可，3.5万亿盾用于重新种植12.5万公顷的可可，还有0.58万亿盾用于改善2.5万公顷可可种植地的土壤质量[1]。近年来印尼可可加工业持续较快发展，投资额从2010年的2.5亿美元增长至2015年的6亿美元，增幅高达140%。2010年印尼全国仅有可可加工企业15家，产量约34.5万吨，经过近5年的发展，印尼可可加工企业增加至19家，产量也跃升至76.5万吨，增长超过100%。2014年可可产品出口额较2013年增长了23.4%。为进一步推动可可加工业的发展，吸引国内外投资，印尼政府将出台加工设备进口免关税等税收优惠政策，以及一站式服务、通关便利化、基础设施配套等支持措施[2]。

---

[1] 驻印尼经商参处：《印尼将加大力度提高可可产量》，http://id.mofcom.gov.cn/article/ziranziyuan/jjfz/200607/20060702655869.shtml，2006年7月17日。

[2] 驻印尼经商参处：《近5年印尼可可加工业投资增长140%》，http://id.mofcom.gov.cn/article/ziranziyuan/jjfz/201508/20150801076190.shtml，2015年8月10日。

第二节 印尼支持农业发展的政策

一 印尼农业发展规划

在印尼 2015—2019 年国家中期发展规划中,突出了农业部门的两项重要任务:一是增加稻米的生产以增强粮食安全,二是发展高价值作物改善农村生活条件。规划还提出:(1)恢复 320 万公顷的灌溉土地;(2)增加 100 万公顷的新灌溉系统;(3)采用可持续的方法来恢复旱地农业;(4)铺设农业用道路;(5)增加采用环保技术种植粮食作物。水安全是 2015—2019 年计划的核心支柱,规划建议继续实施水资源综合管理:(1)提高土地的利用规划与管理;(2)退化土地的恢复;(3)增加蓄水,包括建设 49 座新的水坝;(4)减少 20 万公顷面积的涝地;(5)改善水质。每一个政府部门或机构都需要在参考该规划的基础上制定自己部门的 5 年战略计划,而且将规划融入年度计划与预算中。

二 扶持农业发展的主要政策措施

(一)增加农业预算开支和财政投入支持农业粮食作物生产

进入 20 世纪 90 年代,随着印尼政府将经济发展重点转向工业部门,印尼粮食产量一路下滑,重新开始进口粮食,粮食生产再次成为印尼政府需要解决的头等大事。为增加国家粮食储备和提高粮食安全防御,印尼政府加大了对农业投入的支持并制定许多切实可行的政策措施,如采取粮食多元化,增加农业投入,提供信贷支持等多项措施,为农业发展创造了有利条件。印尼农业部为提高国内农畜副产品的产量,将农业产品划分为战略粮食产品、重要园艺产品、重要种植园产品和重要畜牧业产品。印尼农业部 2008 年增加 2.5 万亿盾预算支持农业粮食作物发展,包括提供优良种子、为农业贷款提供利率津贴及对农民进行培训和辅导；2008 年向全国农户提供的肥料津贴 14.6 万亿盾，稻种津贴为 33 万亿盾。2009 年印尼政府调拨 3 兆盾准备金以应对厄尔尼诺风暴带来的干旱灾害，这笔资金主要用于农业基础设施建设，厄尔尼诺风暴每年通常影响印尼 6 个月之久，影响粮食和水资源储备。

  印尼在制定 2015—2019 年国家中期发展计划中，农业领域的主要任务是切实提高粮食生产，力争未来三至四年内实现主要粮食作物自给自足。① 2014 年 11 月印尼总统佐科在南苏拉威西省望加锡市出席第 34 个世界粮食日纪念活动时称，希望在本届政府执政第二年内印尼将停止进口大米，第三年内能够实现玉米和大豆自给自足。为此印尼政府将在 5 年内拨款约 15 亿美元财政预算用于修建 25—30 座水坝等灌溉设施，同时向农民提供更多优质种子和肥料，在全国推行新型农业保险，以支持印尼农业发展。② 2014 年印尼农业预算为 14 万亿印尼盾（约合 10.8 亿美元），2015 年为 32 万亿印尼盾（约合 24.6 亿美元），印尼政府计划将 2016 年农业预算开支增加至 40 万亿—45 万亿印尼盾（约合 30.8 亿—34.6 亿美元），以改善农业基础设施，加强农业发展。增加的预算将优先用于修建水库，以应对气候变化带来的影响，提高粮食产量。③

（二）稳定粮食价格、保证市场供应

  稳定粮食价格，保证市场供应，始终是印尼政府日常工作

---

① 驻印尼经商参处：《印尼新政府将优先发展海洋经济、能源和农业》，http://id.mofcom.gov.cn/article/ziranziyuan/jjfz/201411/20141100789358.shtml，2014 年 11 月 6 日。

② 驻印尼经商参处：《印尼总统：二至三年内实现主要农作物自给自足》，http://id.mofcom.gov.cn/article/ziranziyuan/jjfz/201411/20141100789364.shtml，2014 年 11 月 7 日。

③ 驻印尼经商参处：《印尼将继续提高农业预算开支，支持农业发展》，http://id.mofcom.gov.cn/article/ziranziyuan/jjfz/201506/20150600998869.shtml，2015 年 6 月 2 日。

的重中之重。印尼推出多项相关措施：一是提高国内粮食产量和质量。为了实现粮食自给自足，并推动农业经济发展，印尼政府2007年6月成立粮食能源公司（PT. Pangan Energi Nusantara），该公司的主要职能包括协调银行机构为农业提供贷款，对农业现代化改革提供支持，为农业提供优良种子及其他生产资料等。2011年印尼农业部通过向农户提供优质种子、指导科学生产技术、增加7万公顷水稻播种面积等扶持、鼓励和保障措施，将大米产量进一步提高。二是移民开荒，增加耕地面积；加强监督，切实有效保护耕地。从第一个5年计划（1969—1974年）开始，印尼政府就鼓励人口过分集中的爪哇、巴厘岛的居民向外岛迁移，几十年下来已有500多万爪哇岛人变成了外岛人，按照政府2010—2015年增加农田、保障粮食生产的计划，五年中要在爪哇岛以外的岛屿开发200万公顷新农田，通过移民开荒把相当一部分荒地垦殖成了粮食生产基地，扩大了经济作物种植面积。印尼政府在保护、增加农业用地的根本问题上，严格农田征用的审批程序，对征用农田的建设项目实行严格的审核和监管制度。中央政府还要求各地在征用农田的同时，保证开垦同样面积的荒地作为替代，并防止新建项目对周围村庄及农田造成生态环境的破坏。三是保持足够的大米储备，保证国内市场的充分供应，避免出现粮食投机现象，政府直接干预市场，以保证大米和食用油等主要食品的价格。2007年印尼政府发布有关收购农民谷物价格的2007年第3号总统令，取代原有的2005年第13号总统令。印尼还成立国家粮食后勤总署（BULOG）负责管理粮食价格和储备，总署直接向内阁汇报工作，后来又建立省级和县级机构，后者成为与农民、商人、乡村合作社等联系的主要部门。印尼全国的大米价格、进出口、储备等均由总署来实施。它通过向农民购买粮食以及向批发、零售市场出售库存粮食等措施并通过进出口调剂，使粮食价格维持在国家调控目标之内。总署同时还负责向政府工作人员和军队提供一定数量的大米。此外它也同时规定玉米、大豆、花生等的最低价格。此外印尼政府还通过进出口税率调整,把粮食价格稳定在正常水平。中央政府准备了农业储备金,除保证粮食的生产和供应外,其中 1/3 的资金还可向农民提供农业保险。

印尼农业部实施的粮食政策不但推动农产品产量增加、确保供应充足,还提高贸易业绩。农业部制定的政策主要是在严格管制进口推荐的同时推动出口,咖啡豆、橡胶、棕榈油、肉豆蔻、胡椒、绿豆、菠萝等商品的出口量大幅增长。据印尼农业部称,由于受进口管制政策等因素影响,自 2016 年 1 月至 2017 年 8 月,印尼没有进口中等大米、新鲜辣椒和红葱。农业部成功提高了玉米产量,2016 年的玉米总进口量下降 62%,而 2017 年 1—8 月印尼停止进口用于饲料的玉米。根据印尼中央统计局数据,农产品在 2017 年 1—8 月的出口总额达 221.8 亿美元,而进口总额为 112 亿美元,印尼农产品对外贸易顺差 109.8 亿美元,比 2016 年同期增长 101%。[1] 印尼农业部表示,2017 年印尼农产品出口增长 24%,这推动了印尼 2018 年第二季度的经济增长达到 4.7%。印尼农业部 2019 年的工作计划将重点放在农业基础设施方面,加快和提高粮食生产和产量以及粮食产品出口的增长,并改善农民的福利。[2]

(三) 加强对农业经济作物的调控管制

由于 2015 年 2 月印尼出现反常的多雨天气,对棕榈油生产造成不利影响,2015 年年初东加里曼丹的棕榈油产量普遍

---

[1] 驻印尼经商参处:《受进口管制等因素影响,印尼今年 1—8 月农产品外贸顺差近 110 亿美元》,http://id.mofcom.gov.cn/article/sbmy/201712/20171202683485.shtml,2017 年 12 月 11 日。

[2] 驻印尼经商参处:《印尼农产品出口逐年增长》,http://id.mofcom.gov.cn/article/jjxs/201809/20180902787970.shtml,2018 年 9 月 18 日。

下滑。为确保在汽油中强制添加20%生物燃油的措施能够有效实施，2015年5月初印尼总统佐科签署了第61号政府条例，计划对棕榈油征收出口费以限制棕榈油出口，条例要求出口商为出口的毛棕榈油缴纳每吨50美元的费用，为出口的精炼棕榈油产品缴纳每吨30美元的费用，由此收取的资金用于补贴生物柴油项目，出口费按照出口的重量来计征，不受棕榈油价格波动影响。但印尼植物油工业协会（GIMNI）认为征收棕榈油出口费将使棕榈油及其加工品出口成本增加，导致印尼棕榈油加工业丧失与马来西亚等国家的竞争力，并影响当年棕榈油出口量。该协会希望与印尼贸易部、农业部、工业部、财政部等部门再次磋商，减少棕榈油及其加工品的出口费。印尼生物柴油生产商协会（Aprobi）也对印尼政府征收棕榈油出口费的举措感到担忧，认为目前印尼的棕榈油等生物柴油出口面临其他国家的贸易壁垒和反倾销指控，如果印尼再对本国企业征收出口费，将极大削弱印尼棕榈油及其加工品的国际竞争力，导致全球生物柴油市场被马来西亚等国家控制，如果实施相关政策可能导致印尼棕榈油出口下降约35%，使印尼逐渐丧失国际市场。①

根据印尼财政部规定，如果棕榈油价格低于每吨750美元，印尼将对加工的棕榈油每吨征收30美元出口税，初级棕榈油每吨征收50美元出口税；如果价格高于每吨750美元，棕榈油生产商需要支付7.5%—22.5%的出口税，2015年6月棕榈油价格为每吨670美元，较去年同期基准价格下跌了近15%②。2015

---

① 驻印尼经商参处：《印尼业界反对征收棕榈油出口费》，http://id.mofcom.gov.cn/article/ziranziyuan/jjfz/201506/20150601014643.shtml，2015年6月16日。

② 驻印尼经商参处：《印尼成立专门机构征收和管理棕榈油出口税》，http://id.mofcom.gov.cn/article/ziranziyuan/jjfz/201506/20150601028852.shtml，2015年6月30日。

年6月印尼政府推出了负责征收和管理棕榈油出口税的公共服务机构（BLU），新机构有类似资产管理公司的机制，通过托管银行管理CPO基金，以寻求投资回报，并将投资收益用于支持产业发展、提供生物柴油补贴。由于迟迟没有出台具体政策以及成立新的生物柴油基金或机构，这项政策一直推迟实施。根据印尼棕榈油生产商REA控股公司等棕榈油生产商公布的数据显示，2015年第二季度印尼棕榈油产量呈现恢复性增长势头，4月和5月棕榈果产量已经恢复到正常水平，达到马来西亚产量水平。印尼政府表示由于行政和技术等原因，对棕榈油征收出口费的政策一再推迟，原计划6月15日实施的棕榈油出口费政策再次延期至7月1日[①]。

（四）加强对外经济合作

引进外资发展农业也是印尼政府的一项重要举措。由于全球粮食危机，沙特阿拉伯政府为保障粮食安全推出了财政优惠政策鼓励企业在海外投资农业，自然条件优越、国土面积广阔的印尼成了沙特企业的首选地之一，印尼粮食出口到沙特及中东地区的潜力很大，沙特财团在印尼种植棕榈树、黄梨等经济作物。韩国大宇、大洋、STS、哈林财团和韩国农业合作社等也在印尼种植玉米返销到韩国以取代韩国从中、美的玉米进口。为提高农产品出口，2015年7月印尼农业部部长阿姆兰·苏莱曼分别与印度、沙特阿拉伯、法国、埃及、新加坡5个国家驻印尼大使签署合作协议，加强双方的农业领域合作，提高印尼农产品出口额。其中，与印度签署的协议侧重农业研究领域合作；与沙特阿拉伯的合作主要是关于食品安全的合作，以及棕榈油和大米等贸易；与埃及的协议关于加强新鲜食品和大米的

---

① 驻印尼经商参处：《今年第二季度印尼棕榈油产量出现恢复性增长》，http://id.mofcom.gov.cn/article/ziranziyuan/jjfz/201506/20150601027113.shtml，2015年6月29日。

贸易；与法国的协议主要关于法国企业在印尼马老奇开发25万公顷的粮食种植和加工园区；与新加坡的合作主要关于提高果蔬贸易额。① 2015年10月印尼总统佐科与马来西亚总理纳吉布就两国成立棕油生产国委员会（CPOP）来应对油棕工业的挑战达成共识，棕油生产国委员会将把两国的油棕工业标准统一化，并将该新的标准称为"E-POP"（E代表"Ecology"），以显示上述新的标准重视生活环境和可持续性发展。按照计划，两国规定的油棕工业标准于2015年11月中旬在马来西亚吉隆坡举行的东盟高级峰会及在菲律宾马尼拉举行的亚太经合组织（APEC）会议上进行讨论，然后在法国巴黎举行的气候变化会议上发表E-POP棕油新标准。2018年3月，印尼农业部表示，印尼决定放宽妨碍印尼农业领域投资的141项条例，除此之外，还考虑对50项条例进行放宽。印尼政府对妨碍投资的条例进行放宽是回应潜在投资者的抱怨，除了废除一些法规之外，印尼政府还把15项法规简化成为1项法规，该法规的形式是农业部长条例。②

（五）促进国内产业价值链的发展

天然橡胶作为印尼重要的出口产品，出口量约占其产量的85%，出口的主要国家和地区包括美国、日本、中国、新加坡、韩国等。出口方式有两种，一是由新加坡的营销商采购，产品标准执行印尼标准；二是大跨国公司到印尼厂家直接定点采购，产品标准可以由用户提供，按需生产，保障需要。印尼政府设法提高天然橡胶需求，尤其是提高国内市场对天然橡胶的消费

---

① 驻印尼经商参处：《印尼拟扩大与印度等5国的农业合作》，http://id.mofcom.gov.cn/article/ziranziyuan/jjfz/201507/20150701051600.shtml，2015年7月20日。

② 驻印尼经商参处：《为吸引投资印尼农业部松绑141项条例》，http://id.mofcom.gov.cn/article/jjxs/201804/20180402727665.shtml，2018年4月3日。

量。2014年印尼贸易部国家出口发展局与日本国际合作机构（JICA）进行合作，分阶段地研究了解橡胶产品的附加值，目的是为了观察橡胶出口贸易面对的阻碍和挑战。印尼政府认为橡胶原料没有在印尼国内进行进一步加工，而只是大量出口到外国，因此外国享受利润，印尼橡胶农民和出口商没有得到太大的利益。印尼政府必须设法推动和提高国内橡胶产品附加值的政策，提高国内橡胶产品附加值。对此印尼橡胶业理事会和工业部定下指标，今后5年提高国内工业原料的天然橡胶使用量，到2020年国内市场使用量将达到天然橡胶总产量的40%。印尼政府推动国内橡胶加工业使用国产天然橡胶，为发展橡胶加工下游工业，促进发展非传统橡胶而高价值的产品，如码头护舷（dock fender）、橡胶桥梁（rubberbridge）、橡胶沥青（asphalt rubber）和轮胎翻新（banretread）。

扩大天然橡胶在国内的利用率是政府的策略，由此提高橡胶在国际商品市场的价格，政府将利用更多的天然橡胶，并纳入国家基础设施基本预算。印尼政府准备增加国内天然橡胶需求量推动下游产业的发展，主要是发展基础设施项目。橡胶是建造公路、港口和房屋使用的材料之一，印尼政府认为基础设施建设工程应使用国内天然橡胶产品。目前印尼每年仅消费其天然橡胶产量的15%，印尼希望国内能吸收50%的橡胶产量。2015年政府预算118万亿印尼盾来用于国家基础设施发展项目，天然橡胶必须作为关键的主打产品来支撑基础设施的建设。基础项目含有国内天然橡胶的产品主要有：港口设施码头防撞垫、路面沥青混合料、铁路橡胶垫、桥梁支座橡胶坝、建坝止水部件、灌溉和沼泽用品。除了基础相关产品外，还有其他下游产业产品包括：奶牛垫、橡胶塑料瓦、混凝土地砖、抗震建筑轴承、悬崖钢筋、乳胶床垫与其他产品。项目将由国内所有天然橡胶生产商支持，包括印尼橡胶协会与印尼橡胶委员会，通过项目发展多样化的国内橡胶下游产业，不仅能满足国内需求，也可以提高出口产品附加值,加大国家外汇收入和巩固印尼天然橡胶种植可持续性。印尼当前国内天然橡胶利用率达18%,产品主要有轮胎、手套、硫化橡胶和其他橡胶产品。出口的产品主要有橡胶粉、烟片胶与浓缩胶乳。为增加本国消费量,印尼政府还积极发展橡胶产业,新上轮胎、乳胶等项目,采取有效措施保护本国的轮胎制造业等橡胶业下游产业。

第三节 中印(尼)农业领域的价值链合作

一 中印(尼)农业价值链合作基础与需求

农业产业包括农、林、牧、渔业,涉及国民经济一、二、三产业的多个部门,产业链条长、覆盖范围广,从价值链视角看涵盖了农业、工业和服务业三次产业。农业产业价值链是指农业—食品系统中一系列相互关联的上下游主体构成的增值链,它包括农产品生产者驱动、农产品购买者驱动、协调组织推动的价值链模型及一体化的价值链模型等多种形式。根据农业产业的不同性质活动,可将农业产业价值链分解为基本价值链、辅助价值链、可拓展价值链。基本价值链是由耕地、播种、生长、施肥、收获、农产品的加工、农产品销售组成的增值链。辅助价值链是由农资供给、种源供给、农用机械设备供给、技术支持、人力资源管理以及农业基础设施组成的增值链。可拓展价值链是指由基本价值链纵向延伸和横向拓宽以及厚度加厚而形成的增值链。[①]

农业和生产制造业可以类比,都是中间环节利润最低,制造业是生产环节的利润最低,农业是种植环节利润最低。就农业产业链上各链环的价值而言,农业也涉及上游设计研发、中

---

① 戴孝悌:《中国农业产业价值链现状、问题与对策分析》,《农业经济》2016年第1期。

游生产、下游销售与服务。农业产业基本价值链前向延伸的农产品深加工、农产品营销、农产品品牌管理等产业链前端链环附加值和盈利率较高，农业产业基本价值链后向延伸的农资生产、农机制造、良种培育等产业链后端链环的附加值和盈利率相对较高。所以理想的农业价值链中，也是上游和下游的生产性服务业比较发达，而且附加值比较高。当然农业产业基本价值链横向拓宽的生态农业、旅游农业、休闲农业等链环的附加值和盈利率高，而处于中间的耕地、播种、施肥、收获等直接生产环节则附加值和盈利率最低。

农业国际化的突出特点则是跨国公司的主导作用明显增强，旗舰企业的全球布局改变了农业国际分工和贸易格局，农业价值链上的大部分环节在拥有资本、品牌、市场优势的主导厂商控制下垂直整合，逐渐形成由大型农业跨国公司主导的全球粮源、物流、贸易、加工、销售"全产业链"格局，导致对全球农业资源与竞争制高点的争夺更趋激烈。全球农业价值链治理的动力源于跨国公司在全球范围内追逐利润的激励，全球农业价值链上经济主体的势力是不对等的，全球农业价值链上企业的治理能力与其产业优势是密不可分的，发达国家农业的发展给全球农业带来了深刻影响，Gereffi 等人研究英国和肯尼亚的新鲜果蔬贸易链，结果发现由市场主导的治理模式会逐渐转向有明确分工的治理模式。价值链上的大部分环节在拥有知名品牌和买方市场势力的龙头企业的控制下垂直整合，逐渐形成了由龙头企业主导的全球农业生产网络和价值分配格局。[①] Maertens 和 Swinnen 指出龙头企业控制了发展中国家的小农户和食品零售商，通过全球农业价值链平台，北美和欧洲的零售商稳定了全年的鲜蔬和水果供应，而亚洲、非洲和拉丁美洲的农户

---

① Gereffi, G., Humphrey, J. and Sturgeon T.: "The governance of global value chains", *Review of International Political Economy*, Vol. 12, No. 1, 2015, pp. 78 – 104.

和出口商则从全球化农业中获得了更大的市场空间。①

在新国际分工背景下，农业生产领域已分化出高质量的经济活动并形成了农业全球价值链的高端环节。如美国的农业一方面通过跨国农业巨头向其他国家输出种子、农药等高端产品，另一方面通过跨国粮商以提供流通、金融等高端服务的方式收购农产品。② 发展中国家由于农业技术落后、农业资本匮乏，在全球农业价值链中只能处于低端锁定的被动状态。以全球种业为例，杜邦、孟山都和先正达等跨国种子企业通过一系列收购和兼并活动，推动全球种业整合与重组不断向纵深发展，国际种子市场逐渐为若干家龙头企业所主宰。③ Schubert 研究发现跨国公司先通过垂直并购整合种子与化学制品企业，形成强大的垄断集团后捆绑销售种子和农药，使转基因种子更加便捷地进入市场，达到控制农户购买种子的目的。跨国公司通过控制种子和农药，凭借其市场垄断地位迫使东道国农民购买一次性种子，造成农户对跨国种子企业的永久性依赖。④

从国际经验来看，面向农业产业链的生产性服务业（简称农业生产性服务业），日益成为发展现代农业的战略引擎。通过发展农业生产性服务业，促进其市场化、产业化、社会化甚至网络化发展，可以更好地拓展农业发展与产品市场、要素市场

---

① Maertens, M. and J. F. M. Swinner: "Trade, standards and poverty: evidence from Senegal", *World Development*, Vol. 37, No. 1, 2009, pp. 161 – 178.

② 丁涛：《新李斯特经济学国家致富新原则与农业全球价值链——美国农业发展战略的启示》，《当代经济研究》2015 年第 12 期。

③ 马述忠、潘伟康：《全球农业价值链治理：组织学习与战略性嵌入——基于默会知识观的理论综述》，《国际经贸探索》2015 年第 9 期。

④ Schubert, R.: "Farming's New Feudalism, Consolidation and biotechnology shrink farmers' options", *World Watch Magazine*, Vol. 18, No. 1, 2005, pp. 10 – 15.

甚至产权市场对接的通道。发展农业生产性服务业，通过促进三次产业在农业产业链的融合发展，更好地支撑农业引进高级、专业性生产要素，缓解农业资源要素流失。作为第一产业的农、牧、渔产业是原材料供应商，也可以说是二级供应商。具体包括农作物种植业、禽畜养殖业、水产养殖业以及水产捕捞业，这些行业提供初始的原材料。而位于第二产业中的部分制造业，包括初加工产业、速冻食品行业和冷链设备制造产业；农产品初加工行业包括米、面、粮、油加工，蔬菜保鲜，禽、畜、水产屠宰等，是原料一级供应商；速冻食品行业控制食品的设计、研发、生产和销售，是核心制造商；设备制造产业为速冻食品产业链的制造环节，提供速冻设备、食品机械等。冷链物流产业和流通产业属于第三产业，冷链物流产业利用第二产业的设备制造业提供相关技术，建造冷库，负责速冻食品大容量储存；冷藏汽车行业提供运输设备，进而运输企业提供食品冷链运输服务；流通产业包括零售市场和业务市场最终将产品送达消费者手中，其中冷藏电器业为其提供末端的冷藏设备，便于速冻食品的保鲜、保质。

（一）农业价值链合作基础

中国与印尼在农业科技、农业产业投资和农产品贸易方面已经具有良好的合作基础。最近几年中国在印尼的投资快速增加，中国与印尼的农业产业投资合作的企业主要来自天津、辽宁、江苏、浙江、福建、山东和广西等省区，其中投资领域偏向于渔业、种植业（木薯、水稻、橡胶和棕榈）。其中福建、山东主要投资领域均为渔业捕捞；涉及种植业的省份主要是天津、湖南、广东，主要投资农产品为橡胶、木薯和棕榈等印尼重要的农产品的种植和加工。尽管投资数量和投资金额增加，但是由于企业间缺乏有效合作，同质化严重，未能形成有效的力量，在合作规模和合作层次上仍有很大的提高潜力。

两国的贸易结构存在互补性。印尼拥有许多中国所缺乏的原料,如可可与可可产品、咖啡、果子浓缩液与果子露、果仁、茶、肉豆蔻、胡椒、海产食品、棕榈油与衍生产品等,这使印尼具有出口食品原料的潜力。表1-6给出了2000—2017年印尼对世界经济体食品饮料出口贸易增加值及其占比。其中,印尼出口到美国、日本、德国、印度的食品饮料贸易增加值较高,在2000年占比分别为13.7%、23.03%、8.52%、7.71%,到2017年占比分别为7.85%、4.13%、1.41%、9.38%。除了对印度的出口占比有所提升之外,对美国、日本、德国的食品饮料贸易的出口占比均大幅下降。印尼出口到中国的食品饮料贸易增加值也较高,在2000年为1.8551亿美元,占印尼食品饮料总出口贸易增加值的4.33%。此后大幅上升,到2015年出口占比达到15.6%,2017年为12.53%。

表1-6 印尼对世界经济体食品饮料出口贸易增加值及其占比

	2000年		2005年		2011年		2015年		2017年	
	增加值(百万美元)	比重(%)	增加值(百万美元)	比重(%)	增加值(百万美元)	比重(%)	增加值(百万美元)	比重(%)	增加值(百万美元)	比重(%)
澳大利亚	59.96	1.40	64.15	0.82	218.95	0.74	301.86	1.04	421.24	1.07
奥地利	0.47	0.01	3.70	0.05	2.76	0.01	1.77	0.01	1.40	0.00
比利时	48.50	1.13	129.13	1.66	73.81	0.25	64.35	0.22	84.06	0.21
保加利亚	0.94	0.02	5.05	0.06	6.21	0.02	15.10	0.05	19.49	0.05
巴西	80.80	1.89	14.95	0.19	614.97	2.07	534.87	1.84	787.80	1.99
加拿大	34.88	0.81	33.00	0.42	55.27	0.19	121.59	0.42	151.53	0.38
中国	185.51	4.33	446.20	5.73	4459.38	15.02	4541.47	15.60	4954.50	12.53
塞浦路斯	0.44	0.01	1.32	0.02	1.65	0.01	2.10	0.01	2.35	0.01
捷克	3.65	0.09	5.94	0.08	3.86	0.01	2.90	0.01	3.47	0.01

续表

	2000 年		2005 年		2011 年		2015 年		2017 年	
	增加值（百万美元）	比重（%）	增加值（百万美元）	比重（%）	增加值（百万美元）	比重（%）	增加值（百万美元）	比重（%）	增加值（百万美元）	比重（%）
德国	365.33	8.52	384.45	4.93	507.65	1.71	475.03	1.63	555.89	1.41
丹麦	10.59	0.25	14.86	0.19	61.24	0.21	39.01	0.13	55.05	0.14
西班牙	88.44	2.06	79.65	1.02	548.67	1.85	907.22	3.12	1143.99	2.89
爱沙尼亚	2.45	0.06	3.58	0.05	11.33	0.04	47.11	0.16	60.84	0.15
芬兰	2.67	0.06	6.32	0.08	51.31	0.17	10.00	0.03	13.49	0.03
法国	71.06	1.66	105.86	1.36	95.35	0.32	123.73	0.43	149.75	0.38
英国	116.61	2.72	145.22	1.86	171.60	0.58	191.94	0.66	241.03	0.61
希腊	4.25	0.10	10.96	0.14	43.97	0.15	38.75	0.13	47.54	0.12
匈牙利	1.23	0.03	1.70	0.02	2.49	0.01	1.97	0.01	2.30	0.01
印度	330.48	7.71	1065.30	13.67	3576.08	12.05	2737.20	9.40	3706.57	9.38
爱尔兰	8.04	0.19	11.68	0.15	5.66	0.02	7.54	0.03	7.47	0.02
意大利	33.35	0.78	89.26	1.15	664.78	2.24	1182.30	4.06	1461.29	3.70
日本	987.18	23.03	602.04	7.72	1215.31	4.09	1239.59	4.26	1630.85	4.13
韩国	85.37	1.99	64.74	0.83	417.05	1.41	530.40	1.82	730.47	1.85
墨西哥	34.11	0.80	14.89	0.19	84.94	0.29	136.68	0.47	143.68	0.36
荷兰	260.60	6.08	341.83	4.39	1581.62	5.33	1635.27	5.62	1601.20	4.05
波兰	29.00	0.68	15.24	0.20	16.84	0.06	16.16	0.06	20.80	0.05
葡萄牙	1.70	0.04	12.33	0.16	11.49	0.04	30.66	0.11	34.67	0.09
罗马尼亚	1.71	0.04	1.39	0.02	5.71	0.02	7.97	0.03	10.82	0.03
俄罗斯	45.46	1.06	139.46	1.79	494.17	1.66	348.47	1.20	421.22	1.07
美国	587.20	13.70	726.46	9.32	1514.83	5.10	2967.61	10.19	3104.59	7.85
孟加拉	15.87	0.37	27.57	0.35	183.83	0.62	117.95	0.41	77.08	0.19
马来西亚	151.38	3.53	307.40	3.94	588.06	1.98	439.20	1.51	227.26	0.57

续表

	2000 年		2005 年		2011 年		2015 年		2017 年	
	增加值（百万美元）	比重（%）	增加值（百万美元）	比重（%）	增加值（百万美元）	比重（%）	增加值（百万美元）	比重（%）	增加值（百万美元）	比重（%）
菲律宾	41.68	0.97	127.56	1.64	395.07	1.33	254.45	0.87	755.52	1.91
泰国	62.40	1.46	103.62	1.33	441.92	1.49	393.76	1.35	275.39	0.70
越南	2.37	0.06	10.30	0.13	46.80	0.16	86.86	0.30	60.23	0.15

资料来源：亚洲开发银行（ADB）：*Key Indicators for Asia and the Pacific* 2015（KI 2015）、*Key Indicators for Asia and the Pacific* 2017（KI 2017）、*Key Indicators for Asia and the Pacific* 2018（KI 2018）。

表1-7给出了2000—2017年印尼对世界经济体橡胶塑料制品出口贸易增加值及其占比。其中，印尼出口到日本、美国、德国、澳大利亚的橡胶塑料制品贸易增加值较高，在2000年占比分别为24.74%、16.14%、5.91%、6.17%，到2017年占比分别为20.74%、12.55%、3.79%、5.32%。印尼出口到中国的橡胶塑料制品贸易增加值也较高，在2000年为0.8867亿美元，占印尼橡胶塑料制品总出口贸易增加值的3.89%。此后有所上升，到2015年出口占比达到7.52%，2017年为6.48%。

表1-7　印尼对世界经济体橡胶塑料制品出口贸易增加值及其占比

	2000 年		2005 年		2011 年		2015 年		2017 年	
	增加值（百万美元）	比重（%）	增加值（百万美元）	比重（%）	增加值（百万美元）	比重（%）	增加值（百万美元）	比重（%）	增加值（百万美元）	比重（%）
澳大利亚	140.64	6.17	127.43	3.12	831.30	6.07	650.35	5.01	851.21	5.32
奥地利	6.64	0.29	2.28	0.06	11.54	0.08	7.61	0.06	6.00	0.04
比利时	24.10	1.06	30.55	0.75	170.72	1.25	76.08	0.59	100.56	0.63
保加利亚	0.04	0.00	0.33	0.01	1.79	0.01	3.55	0.03	4.42	0.03

续表

	2000 年		2005 年		2011 年		2015 年		2017 年	
	增加值（百万美元）	比重（%）	增加值（百万美元）	比重（%）	增加值（百万美元）	比重（%）	增加值（百万美元）	比重（%）	增加值（百万美元）	比重（%）
巴西	10.96	0.48	7.28	0.18	74.10	0.54	163.60	1.26	212.88	1.33
加拿大	28.81	1.26	37.28	0.91	262.42	1.92	313.45	2.42	380.93	2.38
中国	88.67	3.89	135.82	3.32	777.98	5.68	975.16	7.52	1035.88	6.48
塞浦路斯	0.98	0.04	0.92	0.02	1.61	0.01	1.53	0.01	1.82	0.01
捷克	0.75	0.03	1.36	0.03	13.89	0.10	12.60	0.10	16.62	0.10
德国	134.72	5.91	161.65	3.95	550.43	4.02	543.69	4.19	605.94	3.79
丹麦	15.83	0.69	5.53	0.14	29.02	0.21	10.62	0.08	14.38	0.09
西班牙	22.94	1.01	31.42	0.77	106.19	0.78	64.33	0.50	81.65	0.51
爱沙尼亚	0.15	0.01	0.27	0.01	20.09	0.15	8.70	0.07	11.37	0.07
芬兰	3.33	0.15	10.04	0.25	4.99	0.04	7.64	0.06	10.32	0.06
法国	45.72	2.00	38.36	0.94	144.12	1.05	103.79	0.80	123.73	0.77
英国	106.55	4.67	134.59	3.29	316.80	2.31	225.62	1.74	279.37	1.75
希腊	10.27	0.45	9.65	0.24	15.98	0.12	7.60	0.06	8.09	0.05
匈牙利	3.01	0.13	10.73	0.26	5.38	0.04	3.58	0.03	4.50	0.03
印度	16.72	0.73	21.63	0.53	117.27	0.86	101.50	0.78	137.11	0.86
爱尔兰	5.49	0.24	9.15	0.22	11.68	0.09	11.41	0.09	11.17	0.07
意大利	52.06	2.28	86.55	2.12	231.11	1.69	115.08	0.89	128.42	0.80
日本	564.45	24.74	1100.67	26.92	2679.00	19.57	2597.18	20.02	3316.60	20.74
韩国	36.08	1.58	49.90	1.22	315.52	2.30	327.90	2.53	432.19	2.70
墨西哥	39.20	1.72	34.02	0.83	125.87	0.92	197.67	1.52	222.85	1.39
荷兰	44.58	1.95	54.02	1.32	172.35	1.26	232.10	1.79	233.28	1.46
波兰	4.85	0.21	8.53	0.21	38.46	0.28	59.37	0.46	83.90	0.52
葡萄牙	3.09	0.14	6.72	0.16	11.24	0.08	10.54	0.08	12.93	0.08

续表

	2000年		2005年		2011年		2015年		2017年	
	增加值（百万美元）	比重（%）	增加值（百万美元）	比重（%）	增加值（百万美元）	比重（%）	增加值（百万美元）	比重（%）	增加值（百万美元）	比重（%）
罗马尼亚	0.26	0.01	1.25	0.03	3.78	0.03	2.27	0.02	3.06	0.02
俄罗斯	0.29	0.01	0.65	0.02	12.85	0.09	3.80	0.03	4.90	0.03
美国	368.07	16.14	530.73	12.98	1736.49	12.68	1957.94	15.09	2007.03	12.55
孟加拉	1.73	0.08	2.10	0.05	11.79	0.09	5.61	0.04	50.82	0.32
马来西亚	49.15	2.15	83.33	2.04	80.38	0.59	27.05	0.21	47.88	0.30
菲律宾	8.22	0.36	10.68	0.26	32.63	0.24	78.78	0.61	112.21	0.70
泰国	37.86	1.66	60.80	1.49	192.24	1.40	187.63	1.45	63.18	0.40
越南	9.92	0.44	13.74	0.34	60.72	0.44	62.89	0.48	44.12	0.28

资料来源：亚洲开发银行（ADB）：*Key Indicators for Asia and the Pacific* 2015（KI 2015）、*Key Indicators for Asia and the Pacific* 2017（KI 2017）、*Key Indicators for Asia and the Pacific* 2018（KI 2018）。

（二）农业价值链合作需求

印尼农业至今仍以小农经济为主体，严重地阻碍了农业生产力的发展，农业的劳动生产率、作物单位面积产量都不高。印尼国内研究的水稻品种平均产量只有4—5吨/公顷，达不到中国杂交水稻产量的一半。与巴西、越南和哥伦比亚等咖啡生产大国相比，印尼咖啡单位面积产量要低很多。尽管印尼棕榈油产量已超过马来西亚成为世界第一，但劳动生产率大大落后于马来西亚。印尼棕榈油单产量只有2—3吨/公顷，而马来西亚为4—5吨/公顷。印尼政府必须加快农业科技进步的步伐，大力提高粮食生产的技术含量，包括推广良种、推广科学施肥技术及病虫害防治技术、加强抗灾能力等。

表 1-8　印尼对世界各经济体农业产业出口的国内增加值结构　　单位：%

	2011 年				2017 年			
	DVA_FIN	DVA_INT	DVA_INT$_{rex}$	RDV	DVA_FIN	DVA_INT	DVA_INT$_{rex}$	RDV
澳大利亚	22.91	52.28	20.00	1.014	14.93	58.37	21.97	1.165
奥地利	42.87	33.85	19.51	0.028	51.63	29.84	15.01	0.022
比利时	3.54	25.46	67.03	0.211	3.01	18.24	74.93	0.307
保加利亚	1.30	54.15	40.63	0.163	2.99	51.16	42.08	0.258
巴西	1.17	75.47	19.29	0.290	4.73	70.15	21.05	0.536
加拿大	1.66	62.55	31.84	0.192	5.18	57.54	33.54	0.236
中国	6.65	71.59	17.73	0.252	24.14	62.21	9.99	0.151
塞浦路斯	16.52	75.54	4.18	0.008	17.09	70.85	8.56	0.012
捷克	55.35	24.55	16.34	0.018	34.53	29.68	32.24	0.050
德国	5.95	57.47	32.75	0.069	19.43	45.30	31.69	0.081
丹麦	1.69	16.58	77.83	0.150	3.02	22.58	70.74	0.162
西班牙	3.58	65.14	27.48	0.040	17.57	50.04	28.85	0.044
爱沙尼亚	5.27	42.88	48.05	0.043	49.18	11.50	35.77	0.050
芬兰	0.08	66.42	29.61	0.121	0.25	60.76	35.32	0.160
法国	1.85	65.34	28.95	0.098	7.22	63.16	26.00	0.121
英国	13.69	56.29	26.20	0.058	14.07	59.98	22.39	0.056
希腊	28.46	63.55	4.16	0.071	15.35	74.20	6.85	0.096
匈牙利	6.25	41.40	48.54	0.055	9.32	32.95	54.17	0.067
印度	31.81	57.97	6.36	0.109	17.27	71.35	7.76	0.115
爱尔兰	9.42	19.76	66.92	0.146	14.69	15.97	65.72	0.110
意大利	8.51	63.31	24.39	0.039	13.81	56.32	26.31	0.057
日本	3.45	87.99	4.70	0.092	4.51	85.95	5.92	0.115
韩国	1.36	77.07	17.41	0.344	2.14	76.06	17.86	0.376
墨西哥	0.81	81.37	14.04	0.030	1.53	77.14	17.82	0.015
荷兰	1.59	13.78	80.62	0.246	6.25	21.77	68.25	0.221

续表

	2011 年				2017 年			
	DVA_FIN	DVA_INT	DVA_INT$_{rex}$	RDV	DVA_FIN	DVA_INT	DVA_INT$_{rex}$	RDV
波兰	3.35	62.38	30.46	0.047	8.42	49.37	38.61	0.091
葡萄牙	30.09	50.18	15.96	0.023	11.14	59.46	25.87	0.032
罗马尼亚	0.34	80.63	15.22	0.050	2.21	79.18	15.06	0.047
俄罗斯	8.09	82.02	6.10	0.030	6.64	82.29	7.51	0.053
美国	4.54	79.11	12.43	0.158	6.77	77.31	12.25	0.169
马来西亚	13.57	39.97	41.40	1.253	7.43	44.53	42.81	1.676
菲律宾	14.68	66.75	14.49	0.315	18.65	62.86	14.70	0.285
泰国	61.47	15.60	18.15	0.897	55.37	22.55	17.85	0.680
越南	33.04	36.94	25.33	0.920	44.96	22.21	28.85	0.463

资料来源：亚洲开发银行（ADB）：*Key Indicators for Asia and the Pacific* 2015（KI 2015）、*Key Indicators for Asia and the Pacific* 2017（KI 2017）、*Key Indicators for Asia and the Pacific* 2018（KI 2018）。

表1-8给出了印尼对世界各经济体农业产业出口的国内增加值结构。其中，DVA_FIN项表示印尼出口到世界其他经济体（以r表示，下同）的农业最终产品中的国内增加值部分；DVA_INT表示印尼出口到世界其他经济体（r）的农业中间产品中的国内增加值部分，该中间品直接被r生产国内最终需求产品并且在r消费；DVA_INT$_{rex}$表示印尼出口到世界其他经济体（r）的农业中间产品中的国内增加值部分，该中间品直接被r再出口至其他经济体；RDV表示印尼出口到世界其他经济体（r）的农业中间产品中的国内增加值部分，该中间品随后又隐含在印尼的进口中返回印尼国内，并最终在印尼国内被消费。

2011年，印尼出口到中国的农业最终产品中的国内增加值部分较低，比重只有6.65%，但印尼出口到中国的农业中间产品中的国内增加值部分较高，比重达到了71.6%，该中间品直接被中国生产国内最终需求产品并且在中国消费;印尼出口到中国的农业中间产品中被中国再出口至其他经济体的部分占比也较高,达到17.7%;印尼出口到中国的农业中间产品中又隐含在印尼的进口中返回印尼国内的部分占比较低,只有0.25%。2017年,印尼出口到中国的农业最终产品中的国内增加值部分有较大幅度的提升,比重达到24%,但印尼出口到中国的农业中间产品中的国内增加值部分比重有所降低,为62.2%,该中间品直接被中国生产国内最终需求产品并且在中国消费;印尼出口到中国的农业中间产品中被中国再出口至其他经济体的部分占比也有所降低,为10%;印尼出口到中国的农业中间产品中又隐含在印尼的进口中返回印尼国内的部分占比进一步降低,只有0.15%。总的来看,印尼出口到中国的农产品以中间品为主,但近年来最终产品的比重有所上升,表明印尼增加了其对中国出口产品的国内增加值含量。在2017年,印尼出口到美国、日本、韩国的农产品中,最终产品的比重较低,而以中间品为主,对马来西亚的出口也类似;但出口到东南亚、欧洲部分国家的最终产品比重较高,如出口到泰国、越南最终产品的比重高达55%、45%;出口到奥地利、爱沙尼亚最终产品的比重高达51.6%、49.1%。

表1-9　印尼对世界各经济体食品饮料产业出口的国内增加值结构　　单位:%

	2011年				2017年			
	DVA_FIN	DVA_INT	DVA_INT$_{rex}$	RDV	DVA_FIN	DVA_INT	DVA_INT$_{rex}$	RDV
澳大利亚	65.90	19.24	4.86	0.204	61.94	23.08	6.61	0.284
奥地利	68.47	13.18	8.54	0.014	78.13	8.50	5.30	0.008
比利时	81.77	3.23	5.20	0.016	67.24	8.13	16.49	0.065
保加利亚	44.26	30.51	15.36	0.048	50.82	25.96	15.08	0.062
巴西	0.29	76.65	12.99	0.218	1.87	74.95	14.69	0.358

续表

	2011 年				2017 年			
	DVA_FIN	DVA_INT	DVA_INT_{rex}	RDV	DVA_FIN	DVA_INT	DVA_INT_{rex}	RDV
加拿大	77.63	8.44	4.12	0.023	59.02	21.65	11.18	0.069
中国	18.32	59.91	11.73	0.189	22.38	60.89	8.48	0.140
塞浦路斯	78.58	10.74	0.89	0.002	90.03	1.67	0.24	0.000
捷克	84.12	3.98	2.12	0.002	86.53	3.01	2.39	0.004
德国	13.29	54.56	22.25	0.060	18.46	49.73	23.64	0.070
丹麦	24.94	19.59	45.54	0.099	16.90	25.72	49.16	0.119
西班牙	11.40	59.13	19.60	0.029	5.17	58.85	27.83	0.045
爱沙尼亚	1.86	51.14	37.11	0.038	4.35	47.58	39.92	0.043
芬兰	11.27	56.48	22.27	0.128	81.35	7.05	3.52	0.021
法国	41.44	36.90	11.80	0.047	47.72	33.07	11.07	0.054
英国	46.99	33.33	9.84	0.027	56.50	27.93	7.47	0.021
希腊	8.06	80.51	1.57	0.017	7.01	82.39	2.48	0.023
匈牙利	23.63	38.76	27.74	0.040	23.47	37.42	30.97	0.042
印度	0.26	80.73	8.99	0.158	0.56	82.23	8.96	0.134
爱尔兰	46.79	6.23	37.07	0.102	46.36	5.03	40.44	0.080
意大利	10.19	61.68	18.26	0.032	5.35	64.36	22.14	0.052
日本	79.85	9.73	0.62	0.012	72.53	17.96	1.42	0.027
韩国	20.35	56.69	12.84	0.239	16.22	61.12	14.25	0.253
墨西哥	22.68	57.76	9.70	0.023	24.51	54.81	12.58	0.013
荷兰	6.39	24.64	58.93	0.189	10.21	27.44	54.06	0.179
波兰	38.77	35.49	15.90	0.026	32.25	35.43	24.16	0.057
葡萄牙	28.70	51.00	10.45	0.019	81.91	7.79	2.23	0.003
罗马尼亚	11.75	60.12	18.24	0.054	29.74	47.58	14.55	0.039
俄罗斯	6.62	79.25	4.26	0.023	10.01	76.51	5.34	0.032
美国	63.91	24.16	2.11	0.024	62.34	27.29	2.27	0.028
孟加拉	13.35	73.12	3.71	−0.016	13.31	71.72	6.83	0.024
马来西亚	30.88	31.32	26.81	1.116	42.66	27.64	20.38	1.186

续表

	2011年				2017年			
	DVA_FIN	DVA_INT	DVA_INT$_{rex}$	RDV	DVA_FIN	DVA_INT	DVA_INT$_{rex}$	RDV
菲律宾	40.66	40.00	9.28	0.232	63.04	22.93	5.84	0.122
泰国	64.94	15.43	9.37	0.451	70.32	13.35	7.88	0.363
越南	56.88	20.75	11.88	0.678	60.97	13.20	17.33	0.413

资料来源：亚洲开发银行（ADB）：*Key Indicators for Asia and the Pacific* 2015（KI 2015）、*Key Indicators for Asia and the Pacific* 2017（KI 2017）、*Key Indicators for Asia and the Pacific* 2018（KI 2018）。

表1-9给出了印尼对世界各经济体食品饮料产业出口的国内增加值结构。2011年，印尼出口到中国的食品饮料产业最终产品中的国内增加值部分较高，比重为18.3%，印尼出口到中国的食品饮料产业中间产品中的国内增加值部分较高，比重达到了59.9%，该中间品直接被中国用于生产国内最终需求产品并且在中国消费；印尼出口到中国的食品饮料产业中间产品中被中国再出口至其他经济体的部分占比为11.7%；印尼出口到中国的食品饮料产业中间产品中又隐含在印尼的进口中返回印尼国内的部分占比较低，只有0.19%。2017年，印尼出口到中国的食品饮料产业最终产品中的国内增加值部分有小幅的提升，比重达到22.4%，印尼出口到中国的食品饮料产业中间产品中的国内增加值部分比重变化不大，为60.9%，该中间品直接被中国生产国内最终需求产品并且在中国消费；印尼出口到中国的食品饮料产业中间产品中被中国再出口至其他经济体的部分占比则有所降低，为8.5%；印尼出口到中国的食品饮料产业中间产品中又隐含在印尼的进口中返回印尼国内的部分占比进一步降低，只有0.14%。总的来看，印尼出口到中国的食品饮料产品以中间品为主，但近年来最终产品的比重有所上升，表明印尼增加了其对中国出口食品饮料产品的国

内增加值含量。

据印尼央行表示，印尼在全球清真金融产业排行榜中位居第十，但是主要优势在清真产品市场，2015年印尼清真食品市值共计1600亿美元，为全球市场首冠。印尼央行预计至2021年全球清真金融产业将达6.38万亿美元。① 事实上，印尼作为东南亚人口与GDP总量大国，食品消费增长迅猛，这为中国企业进入印尼市场带来了契机。据悉，2018年11月，蒙牛集团旗下投资数亿的蒙牛印尼YoyiC工厂已正式开业，蒙牛印尼工厂占地面积1.5万平方米，坐落于印尼勿加泗市，该工厂日产能260吨、年产值1.6亿美元。蒙牛印尼工厂开业后，蒙牛将打造上下游产业配套的链式集群，对全产业链进行布局，不仅为印尼当地消费者提供适合印尼消费需求的产品，同时蒙牛培育市场，逐渐培养自己的消费人群，希望以此为依托，从而更好地打通东南亚市场。

食品加工产业也是推动东盟经济发展的重要产业之一，近年来中国与东盟的食品贸易量保持良好的增长态势。其中，厦门一直是东盟各类食品进入中国市场的重要口岸，中国食品和包装机械行业工业产品对东盟各国出口总额不断扩大。目前，中国科技部已分别与合作国科技主管部门共同在合作国建立了中国—柬埔寨食品工业联合实验室、中国—马来西亚清真食品联合实验室，开展联合研究和科研人才的交流与培养，并为相关技术的转移和成果转化搭建平台，进而带动产业升级和经济社会发展。2017年10月，中国—东盟食品检测实验室能力验证研讨会在北京召开，研讨会旨在加强中国—东盟食品检测能力验证领域的交流与合作，进一步提升检测能力和实验室管理水

---

① 驻印尼经商参处：《2021年全球清真金融产业达6.38万亿美元》，http://id.mofcom.gov.cn/article/jjxs/201711/20171102667334.shtml，2017年11月8日。

平，共同推动互信互鉴的优良实践。东盟国家多次提出希望加强本国实验室能力建设，与中方开展食品检测实验室能力验证交流与合作，不断筑牢食品安全检测防线。

表 1–10　印尼对世界各经济体橡胶塑料制品产业出口的国内增加值结构　　单位：%

	2011 年				2017 年			
	DVA_FIN	DVA_INT	DVA_INT$_{rex}$	RDV	DVA_FIN	DVA_INT	DVA_INT$_{rex}$	RDV
澳大利亚	3.23	61.25	11.71	0.365	5.47	58.83	12.30	0.351
奥地利	5.41	34.22	36.82	0.117	11.44	33.30	32.15	0.099
比利时	4.85	23.71	47.85	0.152	2.37	22.31	52.12	0.161
保加利亚	16.74	33.40	26.37	0.095	3.98	38.18	34.68	0.124
巴西	7.53	58.84	10.10	0.113	7.95	56.95	11.90	0.168
加拿大	4.17	38.73	33.57	0.103	2.88	42.15	31.86	0.088
中国	2.50	49.75	23.94	0.356	2.22	55.33	19.10	0.308
塞浦路斯	16.82	36.48	23.23	0.074	15.42	27.27	34.20	0.103
捷克	2.31	16.86	57.29	0.102	2.39	9.82	64.64	0.115
德国	8.38	32.52	35.56	0.120	10.70	29.50	36.64	0.139
丹麦	1.78	36.47	38.18	0.144	3.68	34.95	38.21	0.132
西班牙	3.47	36.17	36.82	0.110	3.77	28.44	44.61	0.145
爱沙尼亚	0.81	30.15	45.51	0.087	2.79	27.43	46.66	0.090
芬兰	13.94	41.10	21.44	0.104	13.55	40.10	23.18	0.153
法国	12.70	36.20	27.55	0.138	5.65	37.62	33.53	0.174
英国	6.07	43.88	26.52	0.101	9.12	43.59	24.19	0.090
希腊	23.29	26.37	26.83	0.131	17.33	32.02	27.50	0.142
匈牙利	4.10	16.23	56.08	0.157	8.17	13.48	55.21	0.109
印度	7.77	55.84	12.76	0.202	6.39	58.91	11.50	0.164
爱尔兰	4.55	31.65	40.26	0.111	10.70	31.94	34.27	0.076
意大利	20.18	31.32	25.02	0.093	19.31	30.21	27.36	0.128
日本	6.04	47.74	22.30	0.465	6.92	43.00	26.45	0.565
韩国	2.40	32.86	40.77	0.475	1.64	34.92	39.87	0.478

续表

	2011 年				2017 年			
	DVA_FIN	DVA_INT	DVA_INT$_{rex}$	RDV	DVA_FIN	DVA_INT	DVA_INT$_{rex}$	RDV
墨西哥	6.77	40.83	28.95	0.041	5.64	37.44	33.86	0.031
荷兰	8.57	29.70	38.15	0.158	7.49	25.02	44.30	0.167
波兰	21.17	31.13	24.26	0.050	7.19	32.23	37.47	0.086
葡萄牙	9.82	43.54	23.16	0.068	7.10	39.57	30.23	0.080
罗马尼亚	10.49	37.97	28.05	0.071	9.09	36.95	30.88	0.070
俄罗斯	1.62	54.67	20.13	0.132	2.13	55.25	19.38	0.190
美国	10.28	56.15	10.08	0.086	9.67	57.85	9.42	0.049
孟加拉	1.47	66.42	8.64	0.034	0.71	72.71	3.53	0.012
马来西亚	6.20	30.41	38.86	1.044	6.04	29.52	40.31	1.024
菲律宾	22.28	42.25	11.86	0.211	44.89	25.15	6.92	0.103
泰国	12.04	32.74	30.40	1.275	3.05	35.15	37.14	1.507
越南	0.11	41.16	34.68	0.592	2.39	25.54	48.37	0.592

资料来源：亚洲开发银行（ADB）：*Key Indicators for Asia and the Pacific* 2015（KI 2015）、*Key Indicators for Asia and the Pacific* 2017（KI 2017）、*Key Indicators for Asia and the Pacific* 2018（KI 2018）。

表1-10给出了印尼对世界各经济体橡胶塑料制品产业出口的国内增加值结构。2011年，印尼出口到中国的橡胶塑料制品产业最终产品中的国内增加值部分较低，比重只有2.5%，印尼出口到中国的橡胶塑料制品产业中间产品中的国内增加值部分较高，比重达到了49.8%，该中间品直接被中国生产国内最终需求产品并且在中国消费；印尼出口到中国的橡胶塑料制品产业中间产品中被中国再出口至其他经济体的部分占比为23.9%；印尼出口到中国的橡胶塑料制品产业中间产品中又隐含在印尼的进口中返回印尼国内的部分占比较低，只有0.36%。2017年，印尼出口到中国的橡胶塑料制品产业最终产品中的国内增加值部分有小幅的下降，比重达到2.2%，而印尼出口到中国的橡胶塑料制品产业中间产品中的国内增加值部分比重有所

提高，为55.3%，该中间品直接被中国生产国内最终需求产品并且在中国消费；印尼出口到中国的橡胶塑料制品产业中间产品中被中国再出口至其他经济体的部分占比则有所降低，为19.1%；印尼出口到中国的橡胶塑料制品产业中间产品中又隐含在印尼的进口中返回印尼国内的部分占比进一步降低，只有0.31%。总的来看，印尼出口到中国的橡胶塑料制品以中间品为主，而且近年来中间产品的比重有所上升，表明印尼对中国出口橡胶塑料制品产业的国内增加值含量没有明显提升。

  2017年，在中国购买的大宗商品中，进口量增幅最大的是橡胶。2017年前八个月，中国的天然橡胶和合成橡胶的进口量同比增长了24.3%，达到454万吨，比原油（12.2%）、煤炭（14.2%）、铁矿石（6.7%）的进口增幅都要大。尽管全球对橡胶的进口需求强劲增长，但天然橡胶的价格并没有上升，泰国、马来西亚和印尼已决定不遏制橡胶的产量。2016年2月这三个国家曾宣布将削减全球供应量的6%，但仅导致价格短暂上涨。① 2018年以来，橡胶价格持续走低。印尼橡胶协会分析认为，考虑到国际橡胶价格波动主要受外部因素影响，如欧洲国家对中国轮胎需求下降，导致橡胶进口大国中国需求降低等，三国的橡胶出口限制计划已没有实际意义。印尼提议建立更加广泛的橡胶理事会，吸纳越南、老挝和柬埔寨为成员，此举可使橡胶总产量将占全球的95%，届时可以拥有更多的价格决定权。印尼橡胶协会呼吁印尼政府限制外资投资印尼生胶生产，目前印尼生胶年产能为470万吨，其中仅300万吨供应本国市场。但印尼工业部有关部门负责人表示，目前印尼依然欢迎外资在印尼投资橡胶工业。

---

  ① 驻印尼经商参处：《中国进口大幅增长未能拉动天然橡胶价格》，http://id.mofcom.gov.cn/article/sbmy/201709/20170902650681.shtml，2017年9月26日。

二 中印（尼）农业合作领域

（一）农业科技交流和合作研发

粮食安全仍然是印尼政府面临的最大问题，中印（尼）两国在种植业领域具有广泛的合作前景。2001年中国与印尼农业部签署的《农业合作谅解备忘录》明确提出，开展农业合作的领域包括粮食作物生产、多年生作物培育、农业机械、园林艺术、生物技术、农业企业管理、农业研究与开发、种子业、畜牧业及相关产业。2009年印尼工业部部长法米（Fahmi Idris）在印尼和中国经济合作论坛上表示以前印尼主要从美国、加拿大、澳大利亚购买小麦，现在中国小麦将成为印尼进口新的选择，河南的几种农业产业进展比较先进，印尼可以和中国在培育种子方面开始合作[1]。因此建立政府、科研机构和企业联合体，围绕水稻、玉米等主要粮食作物，兼顾油料、蔬菜和水果，建立农业科技合作平台，以联合研发、知识共享、技术转移和培训示范的方式，与印尼主要农业科研机构、政府、农业企业进行合作，输出中国成熟的农业科技成果，通过种质资源交换、联合研发培育新的适用于中国和印尼的作物品种。推广先进适用农业技术要以印尼国内市场为重点目标，以具有相对优势的农业科技项目输出为突破，如优良农业作物品种，主要有小麦、玉米、水稻、大豆等优良优质品种。在掌握印尼目标市场的基本技术需求信息的基础上，对国内相关农业技术进行充分整合和适应性开发，强化技术的针对性和有效性，组织实施一批面向印尼的技术创新项目，如新品种选育，适应印尼技术需求的优质、专用型水稻、甘薯以及热带特色农产品新品种研究开发。

---

[1]《印尼与河南展开粮食方面合作》，《国际日报》，http://id.mofcom.gov.cn/article/ziranziyuan/jjfz/200908/20090806477846.shtml，2009年8月25日。

案例1-1　中国—印尼杂交水稻技术合作项目

"中国—印尼杂交水稻技术合作项目"是由中国商务部提供援款，由中国袁隆平农业高科技股份有限公司和印尼国家农业科学院共同实施，旨在通过帮助印尼发展杂交水稻技术，提高水稻产量的基础上进一步开展农业合作和交流。该项目于2010年5月1日起开始进入实施阶段，主要包括三部分内容：一是杂交水稻联合科研；二是杂交水稻示范推广；三是杂交水稻技术培训，促进印尼实现杂交水稻品种、技术和人才的本地化。2011年10月21日，由"中国—印尼杂交水稻技术合作项目"组织的"中国杂交水稻高产栽培示范现场验收会"在印尼南苏拉威西省平朗县举行，现场测产结果为12.16吨/公顷（高于印尼水稻平均5.1吨/公顷的产量）。经过品尝，组织参加验收会的当地农业官员、农业企业和农民代表均对中国杂交水稻品种赞不绝口，希望该品种能在本省大面积推广。此次活动旨在通过高产栽培示范，使印尼农民进一步了解高产优质杂交稻品种和杂交水稻高产栽培技术，并以点带面促进杂交水稻在印尼的推广。该活动增进了印尼政府对发展杂交水稻的信心，为杂交水稻在当地的发展提供政策支持。同时各地高产栽培示范对中国杂交水稻品种在印尼不同生态区的栽培模式进行了摸索和总结，并与本地栽培习惯及其他高新农业技术有机结合，使杂交水稻的产量潜力得到最大程度的发挥。

此外，针对印尼国内不同地区大力推广以先进适用和实用的农业技术为重点进行技术的选择与输出，如集约化的农牧业生产管理技术，主要以规模化饲养的小家畜、家禽以及奶畜的生产管理技术为主；生态农业工程技术，主要以立体栽培、农业资源高效利用技术为主，如间作套种技术、种养加复合型农业开发技术等；动植物病虫害防治技术，防治技术体系的建立、相关疫苗的输出和农药产品的输出等；设施农业技术，主要以保护地栽培（如大棚温室、薄膜覆盖技术）、田间灌溉工程设施为主；农业机械化技术，主要选择以小型农业机械为输出对象，如小型收割机、插秧机、耕翻机等，在印尼具有较大市场潜力；农产品保鲜、储藏与加工技术，主要以粮食的深加工技术、果蔬的保鲜与加工技术、肉类的加工技术等为输出对象，主要以成套设备输出及管理技术输出为主。

（二）研发和出口适合印尼当地的农业技术和农业机械设备

印尼农业机械化仍处于低水平。印尼人多地少，许多经济学家和社会学家担心农业机械化给农村造成大量的剩余劳动力，引起严重的就业和社会问题，所以对农业机械化持反对态度，多年来印尼的农业机械化发展相对缓慢。目前印尼国内使用的农机基本上是从国外引进的，本国农业机械工业体系不完整、配套能力差，自主研发的农机品种少且售价高，农机在实际生产中的应用程度还很低。在耕种、植保、防止病虫害、谷物干燥等方面的机械化仍处于低水平。农业科技的推广普及不足，农民教育水平偏低，农业生产基本上处于简单耕作阶段。印尼和中国均是以小农生产为主的生产方式，因此中国的农业技术和农业机械设备较欧美国家更适合印尼的农业生产，但产品质量和服务仍有待提升，中国企业结合当地市场实际需求，研发和出口适合印尼当地的农业技术和农业机械设备，提高服务质量。

（三）着眼大农业产业链，对接双方合作

中国企业已经"走出去"——到印尼进行种植业和加工业投资，但缺乏有效合作，没有形成强有力的力量，在合作层次、合作领域方面仍具有很大的拓展潜力。围绕水稻、玉米、棕榈油、橡胶、木薯等粮食作物和经济作物，进行从育种、生产资料一直到作物种植、农产品加工和仓储物流系统的产业合作，在提升印尼粮食作物生产能力、保障粮食安全

的同时，通过农产品精深加工、物流等投资合作，提高投资合作效益。在尊重印尼需求的前提下，突破小农业和地域局限，着眼大农业产业链，建立企业联合体及有效的合作机制，布局种植业上下游环节，发挥技术、资金上的优势，通过开展农用基础设施建设的合作，改善当地的生产条件，结合农业技术推广和示范。2010年10月印尼为发展和改善农业加工业发展，提高印尼农产品附加值，印尼工业部针对农业及农产品加工业制定了免税优惠投资的五项标准：一是免税优惠优先考虑前锋产业，二是促进农业及农产品加工业结构优化的上下游工业部门，三是投资额较大的工业部门，四是雇佣众多劳工的部门，五是满足特定地区或区域需要的工业部门。印尼政府自2011年初开始对可可、棕榈、橡胶等生产的下游工业部门提供税收优惠，同时放宽对享受优惠企业的限制条件，以加速这几个行业的工业发展。

案例1-2　玉米精加工项目

2004年4月7日位于印尼万丹省的Ptsuba Indah公司玉米精加工项目正式开业，该项目是印尼第一家，而且是东南亚最大的玉米精加工厂。该项目由中国机械设备进出口公司（CMEC）总承包，总投资为3000多万美元，其中近1000万美元设备是中国制造，但工厂部分关键设备由美国进口。项目2001年动工，设计日加工玉米1000吨，在试生产阶段日加工玉米约800吨。玉米深加工生产淀粉、玉米油、玉米糖浆等，产品附加值明显提高。工厂玉米原料主要从美国进口，少量用当地产的玉米，中国产玉米质量不合要求，主要原因是中国产玉米采取非自然烘干。印尼当地玉米质量能达到要求，但产量有限，而且尚不能达到规模生产，散装运输困难，运输成本高。因此印尼每年需进口玉米约150万吨。印尼政府希望以此为契机带动和扩大印尼国内的玉米种植业，让更多的农民受益。①

重视投资仓储、加工和贸易环节。在农业产业链中仓储、加工和贸易环节是国际大型农业企业所热衷投资的领域，中国农业企业投资印尼也可先行投资上述环节，这些环节所受到的政策限制少、经营风险低、运营成本低，企业能够赚取的利润较高，对于规模较小企业而言较适合重点投资仓储、加工和贸易环节，最大限度地发挥资金的增值潜力。

三 加强中印（尼）农业合作的建议

（一）支持涉农企业积极参与农业科技"走出去"，以企业为主体为印尼培育人才推广科研成果

企业是推动落实农业"走出去"毋庸置疑的行动主体，也是推动落实"走出去"规划的行动载体，中国应积极推出扶持培育龙头型农业"走出去"企业的相关政策，并结合印尼农业发展基础与开放领域，重点培养一批具有国际化视野、运营能力和较强软实力的农业"走出去"龙头企业，成为中印（尼）农业合作的主力军。注重发挥企业在农业科技"走出去"中的重要作用，形成企业与科研机构联动的格局，加快培育具有国际竞争力的大型农业企业集团。为涉农企业"走出去"提供研发项目、财税、国内融资等方面的优惠政策，增强涉农企业技术研发能力和产业核心竞争力，支持企业加强技术研发与升级；鼓励企业建立国际化创新网络，提升企业利用国际创新资源的能力。农业技术培训与教育项目的组织实施要有针对性地开展技术交流，定期举办农业技术合作与交流研讨会，组织印尼人员赴国内参观考察；根据印尼的具体情况，有选择性地针对个别技术，培训当地人员，使

---

① 驻印尼经商参处：《中国机械设备进出口公司承建的印尼玉米加工项目落成》，http：//id.mofcom.gov.cn/article/ziranziyuan/jjfz/200404/20040400207739.shtml，2004年4月12日。

之发挥技术辐射和技术带动作用。以企业为主体，以科研机构为媒介，通过新品种、新设备、新方法和新技术的公益性推广示范，为印尼培育科研人才、实用型农业人才，提高农民种植管理技术，同时为研发成果的商业推广打好基础，提高当地政府和民众对中国企业投资的接受度。

（二）完善农业科技"走出去"的政策机制整合资源，加强农业科技国际合作平台建设，形成"政府推动、科研院所与企业相互联动、科技与经贸相结合"的运行机制

把支持农业科技国际合作工作摆在更加突出的地位，建立农业科技"走出去"财政投入的长效机制，建议在政府财政专项拨款中设立农业科技国际合作与交流专项资金。在有针对性地研究和了解印尼科技资源的基础上，搭建不同层次、不同性质、不同类型的农业科技国际合作平台，推动农业科技"走出去"，实现资源、信息与技术的高效配置和共享。建设农业科技合作联合实验室、试验示范基地等国际合作基地，重点推进一批农业科技合作国家级国际联合实验室和联合研究中心，充分发挥国际合作平台在先进技术合作、消化、应用、再创新以及产业孵化等方面的作用，探索高效的运行模式。

案例 1-3　广西农业科学院在东盟国家建立农业科技示范基地[①]

广西农业科学院先后在越南、柬埔寨等东盟国家开展热带亚热带农作物新品种、新技术的示范与推广，如在越南河内农业大学合作建立"中越农业技术综合示范基地"，在越南谅山省建立南方厚皮甜瓜大棚栽培试验示范基地，在越南山罗省建立玉米新品种、新技术示范基地；在柬埔

---

① 周行、李小红、刘忠、唐其展、吕荣华、刘淑仪：《广西农业科学院农业科技"走出去"现状与建议》，《南方农业学报》2014 年第 11 期。

寨干丹、贡布、磅同等省建立农作物新品种、新技术示范基地。2010年广西农业科学院植保研究所与越南有关单位合作，执行国际科技合作项目"水稻'两迁'害虫迁飞、暴发与越南虫源的关系及可持续防控策略"，通过调查分析越南"两迁"害虫——稻飞虱的生物型、危害状况、迁飞规律、抗药性、抗虫品种基因型等，为将害虫的防控向虫源发生地推移，最终拒之于国门之外奠定基础。广西农业科学院积极开展技术援助促进了与东盟和非洲国家在热带亚热带农业技术等方面的合作，拓宽了双方的科技合作渠道，扩大了广西农业科学院农业科技"走出去"的影响力。

（三）引导"走出去"农业企业经营重心由从事农业产业的生产到加工到销售全产业链的经营

直接购买或租赁境外土地进行粮食生产，先期投资和风险较大，而且通过境外种粮、回运保障国家粮食安全不一定是最优的保障中国粮食安全的策略。尤其是在印尼粮食市场波动较大，以及全球粮食库存减少、粮价上涨的压力之下，印尼会通过禁止出口等手段阻止粮食外流，优先保障国内粮食安全，因此以农业为基础，但在核心区产业布局上重点向食品深加工、生物制药、保健品、食品物流等高附加值产业倾斜，通过发挥产业链高端的带动作用，构建了从田间、养殖场到安全健康食品研发、加工，再到市场终端的完整产业链，会更有利于保证"走出去"企业的平稳运营。

案例1-4 广垦橡胶集团有限公司的全产业链模式[①]

自2004年起广垦橡胶集团有限公司（以下简称"广垦

---

① 徐雪高、张振：《政策演进与行为创新：农业"走出去"模式举证》，《改革》2015年第3期。

橡胶")就在泰国、马来西亚、印尼等国家开始了天然橡胶加工企业布局,先后启动了9家橡胶加工厂的建设工作。广垦橡胶以"加工"为切入点,逐步向种植和营销拓展,最终形成了"种苗繁育+种植管理+加工生产+销售融资"为一体的境外天然橡胶全产业链模式。在产业链前端,从2007年起,广垦橡胶进入海外天然橡胶种植领域,在马来西亚、泰国、柬埔寨等国完成6400公顷天然橡胶种植,并在马来西亚和泰国建立天然橡胶种苗繁育基地。在产业链后端,广垦橡胶在全球注册了"广垦橡胶""GKR"中英文商标,统一产品包装与标识;2008年在泰国成立广垦橡胶泰国销售有限公司,专门负责国内市场的营销;2011年在新加坡成立广垦橡胶国际贸易公司,专门负责海外市场营销。同时广垦橡胶还整合海外销售资源,构建了国内外网络、电子商务、期货套保的全球营销体系。

(四)积极引导国内企业在印尼建立开放型园区,形成产业链配套

境外农业园区建设是政府引导、企业参与的农业国际合作新形式,有利于发挥"走出去"的集聚效应,符合互利共赢的国际化发展理念,正成为推动农业"走出去"的积极力量。因此积极推动中国企业在印尼境内农业园区的建设,引导农业"走出去"企业集聚发展,提升园区内企业的产业化水平,降低"走出去"风险,以开放的机制和完备的基础设施吸引优秀企业入园共同建设园区,打通农产品生产、加工、储存、流通、销售等环节,形成产业链协同发展机制,提高农业企业的资源配置能力和竞争能力。建议在印尼重点区域优先选择条件较为成熟的园区实施重点推进,优先建设示范性农业园区,加大园区内良种、良法、良机综合配套,通过示范和积极引导提高此类园区发展模式的影响力,充分调动企业的积极性和创造力。引

导和鼓励具有较强竞争力和"走出去"意愿的农业科研机构、种植、养殖、深加工、农用机械、农用物资等企业发挥自身优势,采取集群方式在印尼农业园区发展,形成集聚效应,以成功的模式和可复制的经验带动更多企业"走出去",为中国企业在印尼集群式发展创造条件。

附录 双边出口贸易增加值的分解

在全球价值链分工背景下,垂直贸易是国际贸易的典型特征。Hummels等人(2001)认为各国在进行国际交换的过程中产生大量中间产品贸易,于是产业内贸易快速增长;产业内贸易一方面反映了一个经济体参与国际生产分工的程度,另一方面也反映了一个经济体对国际原材料和零部件市场的依赖程度和国际竞争力水平。[①] Wang等人(2013)利用投入产出技术,提出对多个层面(包括国家/部门层面、双边层面、双边/部门层面)的总贸易流量的分解法。[②] 该分解法是将一国(或地区)的出口贸易总额进行增加值分解,假设国家(或地区)s对国家(或地区)r的总出口包括中间产品出口和最终产品出口:

$$E^{sr} = Y^{sr} + A^{sr}X^{r}$$

其中,E^{sr}是$N \times 1$维的国家(或地区)s对国家(或地区)r的总出口向量,Y^{sr}是$N \times 1$维的国家(或地区)s对国家(或地区)r的最终产品出口向量,表示s生产的最终产品在r进行消费,A^{sr}是$N \times N$维的投入产出系数矩阵,X^{r}是$N \times 1$维的r的产出

[①] Hummels, D., J. Ishii and K.-M. Yi: "The Nature and Growth of Vertical Specialization in World Trade", *Journal of International Economics*, Vol. 54, No. 1, 2001, pp. 75 – 96.

[②] Wang, Zhi, Shang-jin Wei and Kunfu Zhu: "Quantifying International Production Sharing at the Bilateral and SectorLevels", *NBER Working Paper*, No. 19677, Cambridge, MA: National Bureau of Economic Research.

向量。而国家（或地区）s 的总产出可以表示为：

$$X^s = A^{ss}X^s + Y^{ss} + A^{sr}X^r + Y^{sr}$$

同样国家（或地区）r 的总产出也有类似的表示，利用列昂梯夫（Leontief）逆矩阵 B 通过递归求解可以得到：

$$\begin{bmatrix} X^s \\ X^r \end{bmatrix} = \begin{bmatrix} I-A^{ss} & -A^{sr} \\ -A^{rs} & I-A^{rr} \end{bmatrix}^{-1} \begin{bmatrix} Y^{ss} & Y^{sr} \\ Y^{rs} & Y^{rr} \end{bmatrix} = \begin{bmatrix} B^{ss} & B^{sr} \\ B^{rs} & B^{rr} \end{bmatrix} \begin{bmatrix} Y^s \\ Y^r \end{bmatrix}$$

将上式扩展到多经济体求解 X^r 可以得到：

$$\begin{aligned} X^r &= \sum_{t=1}^{G} B^{rt} \sum_{u=1}^{G} Y^{tu} = B^{rr} \sum_{t=1}^{G} Y^{rt} + \sum_{t \neq s,r}^{G} B^{rt} \sum_{u \neq s,t}^{G} Y^{tu} + \\ & B^{rs} \sum_{t \neq s}^{G} Y^{st} = B^{rr} Y^{rr} + \sum_{t \neq s,r}^{G} B^{rt} Y^{tt} + B^{rr} \sum_{t \neq s,r}^{G} Y^{rt} + \\ & \sum_{t \neq s,r}^{G} B^{rt} \sum_{u \neq s,t}^{G} Y^{tu} + B^{rr} Y^{rs} + \sum_{t \neq s,r}^{G} B^{rt} Y^{ts} + B^{rs} Y^{ss} + \\ & \sum_{t \neq s}^{G} B^{rt} Y^{st} \end{aligned}$$

用矩阵 A^{sr} 左乘上式两边，则国家（或地区）s 的中间产品出口可以分解为以下 8 个部分：

$$\begin{aligned} A^{sr} X^r &= A^{sr} B^{rr} Y^{rr} + A^{sr} \sum_{t \neq s,r}^{G} B^{rt} Y^{tt} + A^{sr} B^{rr} \sum_{t \neq s,r}^{G} Y^{rt} + \\ & A^{sr} \sum_{t \neq s,r}^{G} B^{rt} \sum_{u \neq s,t}^{G} Y^{tu} + A^{sr} B^{rr} Y^{rs} + A^{sr} \sum_{t \neq s,r}^{G} B^{rt} Y^{ts} + \\ & A^{sr} B^{rs} Y^{ss} + A^{sr} \sum_{t \neq s}^{G} B^{rt} Y^{st} \end{aligned} \tag{1}$$

国家（或地区）s 对 r 的商品出口也可以利用供给等于使用的平衡条件表示为：

$$\begin{bmatrix} X^s \\ X^r \end{bmatrix} = \begin{bmatrix} A^{ss} & A^{sr} \\ A^{rs} & A^{rr} \end{bmatrix} \begin{bmatrix} X^s \\ X^r \end{bmatrix} + \begin{bmatrix} Y^{ss} & Y^{sr} \\ Y^{rs} & Y^{rr} \end{bmatrix}$$

通过递归求解上式，可以得到国家（或地区）r 的总产出：

$$\begin{aligned} X^r &= A^{rr}X^r + \sum_{t \neq r}^{G} A^{rt}X^t + Y^{rr} + \sum_{t \neq r}^{G} Y^{rt} \\ &= A^{rr}X^r + Y^{rr} + \sum_{t \neq r}^{G} E^{rt} = A^{rr}X^r + Y^{rr} + E^{r*} \end{aligned}$$

其中 $E^{r*} = \sum_{t \neq r}^{G} E^{rt}$ 是 N×1 的国家（或地区）r 的总出口向量，进一步可以得到：

$$X^r = (I - A^{rr})^{-1}Y^{rr} + (I - A^{rr})^{-1}E^{r*} = L^{rr}Y^{rr} + L^{rr}E^{r*}$$

其中 $L^{rr} = (I - A^{rr})^{-1}$ 是本地列昂梯夫（Local Leontief inverse）逆矩阵。因此有：

$$A^{sr}X^r = A^{sr}L^{rr}Y^{rr} + A^{sr}L^{rr}E^{r*} \tag{2}$$

利用增加值系数向量，国家（或地区）s 的最终产品出口可以分解为国内增加值和国外增加值之和：

$$Y^{sr} = (V^s B^{ss})^T \# Y^{sr} + (V^r B^{rs})^T \# Y^{sr} + \left(\sum_{t \neq s,r}^G V^t B^{ts}\right)^T \# Y^{sr} \tag{3}$$

其中，"#"表示点乘，即每个矩阵对应元素相乘；V^s、V^r 和 V^t 分别表示国家（或地区）s、r 和其余所有国家 t 的直接增加值系数向量，将 VB 扩展到多经济体后可得到：

$$V^s B^{ss} = \left[\sum_{i=1}^N v_i^s b_{i1}^{ss}, \sum_{i=1}^N v_i^s b_{i2}^{ss}, \cdots, \sum_{i=1}^N v_i^s b_{iN}^{ss}\right]$$

$$V^r B^{rs} = \left[\sum_{i=1}^N v_i^r b_{i1}^{rs}, \sum_{i=1}^N v_i^r b_{i2}^{rs}, \cdots, \sum_{i=1}^N v_i^r b_{iN}^{rs}\right]$$

$$V^t B^{ts} = \left[\sum_{i=1}^N v_i^t b_{i1}^{ts}, \sum_{i=1}^N v_i^t b_{i2}^{ts}, \cdots, \sum_{i=1}^N v_i^t b_{iN}^{ts}\right]$$

而且 $\sum VB = e$，e 为单位向量。而国家（或地区）s 对 r 的中间产品出口可以进一步表示为增加值的形式：

$$A^{sr}X^r = (V^s B^{ss})^T \# (A^{sr}X^r) + (V^r B^{rs})^T \# (A^{sr}X^r) + \left(\sum_{t \neq s,r}^G V^t B^{ts}\right)^T \# (A^{sr}X^r)$$

$$= (V^s L^{ss})^T \# (A^{sr}X^r) + (V^s B^{ss} - V^s L^{ss})^T \# (A^{sr}X^r) + (V^r B^{rs})^T \# (A^{sr}X^r) +$$

$$\left(\sum_{t \neq s,r}^G V^t B^{ts}\right)^T \# (A^{sr}X^r) \tag{4}$$

其中，$V^s L^{ss} = \left[\sum_{i=1}^N v_i^s l_{i1}^{ss}, \sum_{i=1}^N v_i^s l_{i2}^{ss}, \cdots, \sum_{i=1}^N v_i^s l_{iN}^{ss}\right]$。利用（1）—（4）式，将双边出口贸易产品按最终吸收目的地和吸收渠道分解为 16 项：

$$E^{sr} = (V^s B^{ss})^T \# Y^{sr} + (V^s L^{ss})^T \# (A^{sr} B^{rr} Y^{rr}) + (V^s L^{ss})^T \#$$

$$\left(A^{sr} \sum_{t \neq s,r}^G B^{rt} Y^{tt} + A^{sr} B^{rr} \sum_{t \neq s,r}^G Y^{rt} + A^{sr} \sum_{t \neq s,r}^G \sum_{u \neq s,t}^G B^{rt} Y^{tu}\right)$$

$$+ (V^s L^{ss})^T \# \left(A^{sr} B^{rr} Y^{rs} + A^{sr} \sum_{t \neq s,r}^G B^{rt} Y^{ts} + A^{sr} B^{rr} Y^{ss}\right)$$

$$+ \left[(V^s L^{ss})^T \# \left(A^{sr} \sum_{t \neq s}^G B^{rt} Y^{st}\right) + (V^s B^{ss} - V^s L^{ss})^T \# (A^{sr}X^r)\right]$$

$$+ \left[(V^r B^{rs})^T \# Y^{sr} + \left(\sum_{t \neq s,r}^{G} V^t B^{ts} \right)^T \# Y^{sr} \right]$$

$$+ \left[(V^r B^{rs})^T \# (A^{sr} L^{rr} Y^{rr}) + \left(\sum_{t \neq s,r}^{G} V^t B^{ts} \right)^T \# (A^{sr} L^{rr} Y^{rr}) \right]$$

$$+ \left[(V^r B^{rs})^T \# (A^{sr} L^{rr} E^{r*}) + \left(\sum_{t \neq s,r}^{G} V^t B^{ts} \right)^T \# (A^{sr} L^{rr} E^{r*}) \right]$$

$$= DVA\_FIN + DVA\_INT$$

$$+ DVA\_INT_{rex}^1 + DVA\_INT_{rex}^2 + DVA\_INT_{rex}^3$$

$$+ RDV^1 + RDV^2 + RDV^3 + DDC^1 + DDC^2$$

$$+ FVA\_FIN^1 + FVA\_FIN^2$$

$$+ FVA\_INT^1 + FVA\_INT^2 + FDC^1 + FDC^2$$

上式各项的含义见附表1。

附表1　　　　　　　　双边出口贸易分解

序号	分类	公式项	解释说明
1	DVA_FIN	$(V^s B^{ss})^T \# Y^{sr}$	s出口到r的最终产品中的国内增加值部分
2	DVA_INT	$(V^s L^{ss})^T \# (A^{sr} B^{rr} Y^{rr})$	s出口到r的中间品中的国内增加值部分，该中间品直接被r生产国内最终需求产品并且在r消费
3	DVA_INT$_{rex}^1$	$(V^s L^{ss})^T \# (A^{sr} \sum_{t \neq s,r}^{G} B^{rt} Y^{tt})$	s出口到r的中间品中的国内增加值部分，该中间品被r出口至第三方t，并被t生产t国内最终需求产品且在t消费
4	DVA_INT$_{rex}^2$	$(V^s L^{ss})^T \# (A^{sr} B^{rr} \sum_{t \neq s,r}^{G} Y^{rt})$	s出口到r的中间品中的国内增加值部分，该中间品继续由r生产最终产品再出口至第三方t
5	DVA_INT$_{rex}^3$	$(V^s L^{ss})^T \# (A^{sr} \sum_{t \neq s,r}^{G} \sum_{u \neq s,t}^{G} B^{rt} Y^{tu})$	s出口到r的中间品中的国内增加值部分，该中间品继续由r生产中间品再出口至第三方t（或u）
6	RDV^1	$(V^s L^{ss})^T \# (A^{sr} B^{rr} Y^{rs})$	s出口到r的中间品中的国内增加值部分，该中间品由r生产最终产品并出口返回s且在s消费
7	RDV^2	$(V^s L^{ss})^T \# (A^{sr} \sum_{t \neq s,r}^{G} B^{rt} Y^{ts})$	s出口到r的中间品中的国内增加值部分，该中间品由第三方t加工成最终产品后返回s且在s消费
8	RDV^3	$(V^s L^{ss})^T \# (A^{sr} B^{rr} Y^{ss})$	s出口到r的中间品中的国内增加值部分，该中间品再由r以中间产品的形式返回s，由s生产最终产品且在s消费

续表

序号	分类	公式项	解释说明
9	DDC^1	$(V^s L^{ss})^T \# (A^{sr} \sum_{t \neq s}^{G} B^{rs} Y^{st})$	s 出口的最终消费产品中重复计算的国内增加值部分
10	DDC^2	$(V^s B^{ss} - V^s L^{ss})^T \# (A^{sr} X^r)$	s 出口的中间产品中重复计算的国内增加值部分
11	FVA_FIN^1	$(V^r B^{rs})^T \# Y^{sr}$	s 出口到 r 的最终产品中包括的 r 的增加值部分
12	FVA_FIN^2	$(\sum_{t \neq s,r}^{G} V^t B^{ts})^T \# Y^{sr}$	s 出口到 r 的最终产品中包括的第三方 t 的增加值部分
13	FVA_INT^1	$(V^r B^{rs})^T \# (A^{sr} L^{rr} Y^{rr})$	s 出口到 r 的中间产品中包括的 r 的增加值部分
14	FVA_INT^2	$(\sum_{t \neq s,r}^{G} V^t B^{ts})^T \# (A^{sr} L^{rr} Y^{rr})$	s 出口到 r 的中间产品中包括的第三方 t 的增加值部分
15	FDC^1	$(V^r B^{rs})^T \# (A^{sr} L^{rr} E^{r*})$	s 出口到 r 的中间产品中重复计算的 r 的增加值部分
16	FDC^2	$(\sum_{t \neq s,r}^{G} V^t B^{ts})^T \# (A^{sr} L^{rr} E^{r*})$	s 出口到 r 的中间产品中重复计算的第三方 t 的增加值部分

注：表中 r、s、u 分别表示国家。

以上这 16 项中，第 1 项为最终出口的国内增加值，第 2 项为直接被进口国生产国内最终需求吸收的中间出口的国内增加值，第 3 项为被进口国出口至第三国，并被第三国生产国内最终需求吸收的中间出口的国内增加值，第 4 项为被进口国生产最终出口至第三国，而被吸收的中间出口的国内增加值，第 5 项为被进口国生产中间出口至第三国，并以最终进口返回第二国吸收的中间出口的国内增加值。DVA_FIN、DVA_INT 和 DVA_INT$_{rex}$（3 项）共 5 项是最终被国外吸收的国内增加值部分（DVA）。第 6 项为被进口国生产最终出口返回国内，并被吸收的中间出口的国内增加值，第 7 项为被进口国生产中间出口至第三国，以最终进口返回国内被吸收的中间出口国内增加值，第 8 项为被进口国生产中间出口返回国内，用于生产国内最终需求所吸收的中间出口的国内增加值。三项 RDV 是国内增加值先被出口至国外，但隐含在本国的进口中返回国内，并最终在国内被消费，这三部分之和记为 RDV_B。第 9 项为隐含于进口中返回国内，被生产最终出口吸收的中间出口国内增加值（中间出口与最终出口价值的重复计算），第 10 项为隐含于进口中返回国内，被生产中间出口吸收的中间出口的国内增加值（中间出口与中间出口价值的重复计算）。这两项是本国中间出口的国内价值重复计算部分（DDC）。第 11 项为本国最终出口的进口国增加值，第 12 项为被进口国直接生产国内最终需求吸收的进口国增加值。这两项 FVA_FIN 为隐含于本国出口的进口国增加值。第 13 项为隐含于本国最终出口的第三国增加值，第 14 项为直接被进口国生产国内最终需求吸收的第三国增加值，这两项 FVA_INT 为隐含于本国出口中的第三国增加值。FVA_FIN 与 FVA_INT 之和为用于生产本国出口的国外增加值（FVA）。第 15 项为本国中间出口的进口国价值重复计算部分，第 16 项为本国中间出口的第三国价值重复计算部分，两项 FDC 之和为本国中间出口的外国价值重复计算部分。两项 DDC 之和与两项 FDC 之和是来自国内、国外账户的重复计算部分，这两部分标记为纯重复计算项（pure double-counted，PDC）。PDC 是由于中间品贸易多次往返跨越国界引起的，类似于用一种中间投入品生产另一种中间投入品的国内产业间交易，这些中间品贸易交易值不构成任何国家的 GDP 或最终需求，由于所有的跨国贸易交易都会被各国海关当局记录，因此这一部分重复计算包含于总贸易统计中；而国内中间投入品贸易则不同，在通过行业统计来核算 GDP 时，所有中间投入品的价值都必须从总产出中扣除以避免重复计算。

第二章 能源矿产业合作

第一节 印尼能源矿产业发展现状

一 印尼能源发展现状

（一）印尼油气能源生产

印尼曾是全球重要石油输出国之一，于1962年加入石油输出国组织（欧佩克），但进入21世纪以来，由于油井日益老化，政府对新油田勘探投入和鼓励措施较少，石油勘探开发进展缓慢，印尼能源矿业的开采仍然以传统的开采方式为主，这导致印尼的能源开采效率低下，原油产量一直呈下降趋势。2008年原油日产量降至100万桶以下，无法达到欧佩克要求的日产130万桶的配额，印尼政府被迫宣布退出欧佩克。印尼开发新油田、提高石油产量主要面临以下几个问题：一是大部分未开采油田处在印尼东部，地理条件较差，开采难度较大。在深海钻探一口油井的成本为2亿美元/天，而成功率仅为10%。印尼石油协会预计，在油价下跌的情况下，油气承包商为保持一定的利润率，必须将运营成本削减20%。二是官僚程序复杂，勘探开采许可证手续办理时间较长，延缓油气开发活动。三是土地税、建筑税、征地等行政监管障碍较多。印尼经济的快速发展和人口激增导致国内对能源的需求越来越大，然而受限于技术水平的低下，印尼国内的能源产能不足，致使印尼的能源缺口不断扩大，不得不从国外大量进口能源矿物，印尼也由以前的石油出口国变成了石油净进口国。

随着人口和经济不断增长，印尼能源消费需求不断上升，2014年印尼炼油厂的产量为64.9万桶/天，而燃油需求达125.7万桶/天，供应缺口约60.8万桶/天。2015年印尼炼油厂产量将达71.9万桶，但需求将增加至135.9万桶/天，供应缺口仍将达到64万桶/天。由于国内生产持续下降和炼油能力不足，每年印尼均需进口大量原油和燃油，给国家经济发展带来较大困难。为了扩大原油进口，印尼与多家外国石油公司协商向印尼销售原油，并探讨在印尼兴建更多炼油厂的可能性。印尼政府持续推动应用更纯洁的液化石油气，转移使用液化石油气已覆盖印尼东部外的几乎所有地区，以致液化石油气消费量每年持续提高。据印尼国家石油和天然气公司（Pertamina）表示，2016年印尼液化石油气进口占消费量的66.3%，2017年印尼对进口液化石油气的依赖或达70%以上，预计消费量为700万吨，进口的液化石油气（LPG）将同比增长13.12%，达到500万吨①。为了缓解油气领域投资的不确定性，印尼政府需要尽快解决即将到期的几个油气合同延期问题，2019年前印尼共有17个油田区块开发合同即将到期，其中东加里曼丹马哈坎姆区块的合同于2017年到期，在印尼油气体制下，油气开采和生产按照产量分成合同执行。印尼政府分别获得石油和天然气产量的85%和65%，承包商获得15%和35%。印尼政府虽返还部分勘探和生产成本，但考虑到油气勘探的高风险，承包商获得的份额仍较少。②

为了减少对不可再生能源的依赖，印尼进一步挖掘可再生

---

① 驻印尼经商参处：《2017年印尼液化石油气进口或提高13.12%达500万吨》，http：//id.mofcom.gov.cn/article/sbmy/201701/20170102504754.shtml，2017年1月19日。

② 驻印尼经商参处：《国际油价低迷促使印尼政府制定更多油气开发优惠政策》，http：//id.mofcom.gov.cn/article/ziranziyuan/zhengt/201412/20141200830073.shtml，2014年12月1日。

能源潜力。2015年，印尼总统佐科称，印尼可再生能源储量十分丰富，但一直未能得到很好的发展和利用。在印尼使用的能源中，石油占47%、天然气和煤炭各占24%，可再生能源仅占5%。佐科总统表示，印尼需要大力发展电气化和可再生能源，计划于2019年和2020年分别实现97%和99%的电气化，并于2025年将可再生能源占能源总量比例提高至23%。可再生能源包括生物柴油、生物质、地热、水能、风能、太阳能、潮汐能等。印尼的可再生能源储量十分丰富，以地热能为例，印尼是全球地热储量最大的国家，占全球地热能40%以上。① 到2016年，在印尼能源结构中，新能源占比10%，煤炭占比33%，原油占比35%，天然气占比21%。根据印尼能源与矿产部预计，2016—2025年印尼大约需要建设新能源电站3630万千瓦，共需资金约1200亿美元。根据规划，至2025年，印尼总体能源结构分别是新能源占比23%，煤炭占比30%，原油占比25%，天然气占比22%。②

据印尼能源和矿业部称，由于目前的供电系统无法达到偏远地区，截至2016年年底，印尼全国仍有2519个村庄无电供应。③ 印尼政府提出"印尼光明行动"计划，其目的是在2019年前为偏僻和落后地区的12659个乡村提供电力服务，为此印尼政府为投资者提供相应支持，如协助建设基础设施，降低税

---

① 驻印尼经商参处：《印尼计划2025年可再生能源占能源总量从目前的5%提高至23%》，http：//id. mofcom. gov. cn/article/gccb/201507/20150701041813. shtml，2015年7月10日。

② 驻印尼经商参处：《印尼未来10年发展新能源电站需投入1200亿美元》，http：//id. mofcom. gov. cn/article/sxtz/201611/20161101991112. shtml，2016年11月30日。

③ 驻印尼经商参处：《印尼尚有2519个村庄无电供应》，http：//id. mofcom. gov. cn/article/jjxs/201612/20161202007825. shtml，2016年12月1日。

收以及提供电力补贴等。① 以此推动私企积极参与电力建设，提高印尼电气化水平（2016年年底为88.3%），将电力供应普及到偏远地区，让剩余的11.7%地区的人民也能享有电力供应。至2017年9月，印尼全国共有73656个村庄获得电力供应，到2017年年底，印尼的电气化率已达到92.75%，其中，最高的是西爪哇省，达到99.87%，其次是万丹省99%，以及雅加达地区98.8%。虽然有许多地区的电气化率很高，但还有的地区的电气化率很低，如东努沙登加拉的电气化率只有58.99%，以及巴布亚地区的电气化率48.91%。在印尼还有2500个村庄没有电力供应，除了印尼东区之外，西爪哇省和万丹省的一些村庄也还没有获得电力供应，未获得电力供应的大部分村庄都位于偏僻的地区。此外，还有1万个村庄不能24个小时获得电力供应，只有8个小时获得电力供应。为提高巴布亚地区的电气化率，印尼政府已经建设一些发电站，如水力发电站（PLTA）以及煤气发电站（PLTG）。② 2018年印尼能矿领域原计划投资510亿美元，其中电力、石化、矿业、新能源四大领域分别为248.8亿美元、167.6亿美元、73.1亿美元和20.1亿美元。但在同年5月，印尼政府宣布大幅削减投资，电力和矿业投资分别降至122亿美元和62亿美元，石化和新能源基本维持不变。此次削减超过50%来自电力行业，主要原因是印尼国营电力公司PLN决定推迟一批2027年前规划投产的电力设施，相关购电计划随之延后。③

---

① 驻印尼经商参处：《印尼政府实施"光明行动"计划》，http：//id.mofcom.gov.cn/article/jjxs/201603/20160301277380.shtml，2016年3月17日。

② 驻印尼经商参处：《印尼电气化率93.08%，2019年可达到100%》，http：//id.mofcom.gov.cn/article/dzhz/201712/20171202688828.shtml，2017年12月22日。

③ 驻印尼经商参处：《印尼大幅削减今年能矿投资，其中电力领域削减超50%》，http：//id.mofcom.gov.cn/article/dzhz/201805/20180502742833.shtml，2018年5月12日。

(二) 印尼能源补贴改革

印尼是东南亚乃至全球油价最低的国家之一，政府每年拨付大量预算资金用于燃油补贴，给经济发展带来了沉重负担。印尼燃油补贴制度始于苏哈托掌权初期，当时的印尼需要政治稳定和民众支持。期间苏哈托政府大力推动国内经济改革，针对印尼能源种类多、石油天然气等资源储备丰富等特点，实行了燃油补贴政策，保障国内低价燃油消费，刺激制造业等工业发展。在执行初期，印尼燃油补贴制度受到了民众欢迎，使中下层民众也能平等地享用国家丰富的石油资源。通过享用政府补贴的低价燃油，印尼工业直接或间接地获取了包括能源、原材料在内的低成本生产资料，使工业制成品在国内外市场上的竞争力骤升，一定程度上促进了印尼工业化发展。但随着经济的发展，印尼社会经济状况发生了巨大变化，在几十年中，印尼人民生活水平有了较大提高，工业体系也日趋完整，加上国际油价不断增长，使一成不变的燃油补贴制度逐渐显露弊端。一是燃油补贴在印尼各阶层分配不均。印尼贫富差距逐渐扩大，对石油产品的消费更不平衡，据统计，印尼贫困阶层燃油消费支出约为其月收入的0.2%，而富裕阶层的支出则是其月收入的7%—8%，约71%的燃油补贴被拥有汽车、摩托车等中产阶层以上人口享用，背离了政策初衷。二是石油消费猛增拖累印尼财政。印尼油品的持续低价位刺激了国内油品消费，加上工业化发展对用油需求猛增，侵蚀了石油出口创汇能力，同时还需要进口大量石油，加重了印尼财政负担，成为影响贸易平衡、削弱印尼盾汇率的主要因素之一。据不完全统计，仅在苏希洛总统执政的10年间，印尼政府花在燃油补贴上的财政支出就高达1370万亿印尼盾（约合1141亿美元），2015年印尼燃油补贴开支将达227亿美元，占财政支出的15%，成为政府的沉重包袱。进口燃油问题一直是印尼经济发展的焦点，也是困扰历届印尼政府的难题，大量进口燃油是印尼贸易逆差、经常账户赤字的主要根源。2014年印尼日产原油约90万桶,但国内需求达150万桶,导致每年需要进口大量燃油,政府每年因此承担高达230亿美元的燃油补贴,并致使印尼经济容易受到国际油价波动的影响。燃油补贴使印尼国内的汽油和柴油价格远远低于国际市场水平,为燃油走私提供了空间,导致燃油走私猖獗,使国家资源大量流失。实际上,印尼是一个能源极为丰富的国家,除了石油,还有多达2.9万亿立方米的天然气,超过300亿吨的煤炭储量,约占全球40%的地热,以及丰富的水能、太阳能、风能、生物能、潮汐能等资源。但由于长期以来一直实施燃油补贴政策,导致民众倾向于使用廉价方便的燃油,且几乎没有节约意识,导致其他能源未得到合理开发,阻碍了能源多元化发展。此外,燃油补贴导致石油的过度消费,不利于节能、环保和减排,环保压力日益增大。

  2014年印尼总统佐科上任后,在能源领域面临一系列严峻挑战。[①] 一是在油气领域,要加强勘探力度,减少燃油进口和消耗,建造更多炼油厂,开发新能源和可再生能源;二是在电力领域,需尽快启动建造装机总量600万—1000万千瓦的新电站,以满足经济增长对电力的需求。三是在矿产和煤炭方面,应尽速解决同国内外企业签署的工作合同(KK)修订等问题,并密切关注原矿就地加工冶炼政策的落实情况。印尼政府希望适当发展新能源和可再生能源,以降低对传统能源的依赖,如大力发展棕榈油等生物柴油,可有效减少石油进口。此外,佐科总统上任伊始即面临提高补贴燃油售价的严峻挑战,如何做到适当提高油价,减少政府补贴,而又不引发社会动荡,是对新政府的重大考验。2013年油价上涨曾引发全国性的大规模游行示

---

① 驻印尼经商参处:《印尼能源领域正面对严峻挑战》,http://id.mofcom.gov.cn/article/ziranziyuan/zhengt/201410/20141000773842.shtml,2014年10月23日。

威活动，甚至演变为暴力抗议。1997年亚洲金融危机发生后，时任总统苏哈托试图减少燃油补贴，导致油价暴涨并引发骚乱，成为执政30多年的苏哈托在动乱中下台的导火索之一。

2014年11月18日，印尼政府上调部分补贴燃油价格，其中标准燃油价格从每公升6500印尼盾（约合0.54美元）上调为8500印尼盾（约合0.71美元），柴油从5500印尼盾（约合0.46美元）涨至7500印尼盾（约合0.63美元）。上调油价在印尼国内引发不同反应，在得到支持的同时，在印尼一些地方发生了小规模游行示威，抗议政府涨价政策，但与之前因油价上涨引发的示威和骚乱相比，这次规模较小，大部分城镇保持平静。上调油价后，印尼政府有了更多财政空间，提高公共资本支出能力，并有助于改善财政平衡。削减燃油补贴对减轻印尼政府财政负担的作用立竿见影，使国内石油消费得到一定程度抑制，补贴燃油消费量下降，减少了政府的燃油补贴支出。同时将缩减石油进口量，减少进口石油的财政支出，缓解当前债务压力，减少财政赤字。从长远看，削减的燃油补贴将为基础设施建设、医疗、教育等重要领域支出提供更多财政空间，有助于提升经济增长的公平性和包容性。削减燃油补贴会抑制国民的石油消费量，有助于优化印尼能源结构，逐步减少石油消费占国民能源消费比重，促进开发可再生能源。上调油价还向市场释放了新政府将迅速实施改革的积极信号，使投资者更加看好印尼经济发展前景，从而吸引更多外资涌入。

但上调油价也会对印尼经济产生负面效应：一是导致国内通货膨胀风险上升，油价上调后，2014年年底印尼通胀率将上升2个百分点至约7.3%，高于先前5.3%的预期。二是影响企业竞争力，燃油价格上涨会带来一系列连锁反应，油价上涨将导致企业物流、工资和生产等成本上升，企业经营成本也将大幅增加，特别是对能源依赖度较大的交通运输、渔业捕捞等行业。运输业是劳动密集型行业，燃油价格上调30%，运输成本将提高约10%。① 三是失业率和贫困率上升。由于经营成本上升，一些企业不得不裁员或者倒闭，导致失业率上升；对于印尼普通民众而言，油价上涨意味着生活成本的提高，贫困人口的生活将不可避免受到冲击。为缓解上调油价产生的负面影响，印尼政府实施了一系列政策措施：（1）为避免过多上调油价的负面影响集中爆发，印尼政府实行渐进性调价政策，即每年减少20%补贴，于第五年完全取消补贴并实现燃油价格市场化。为配合上调油价，防止恶性通货膨胀，2014年11月18日印尼央行将已连续保持13个月的7.5%的基准利率调升为7.75%。（2）为缓解民众的生活压力，政府将通过社会保障体系为低收入家庭提供资金补助，印尼政府将通过社会保障体系为低收入家庭提供资金补助和医疗保险，同时向贫困学生提供资助。印尼政府在宣布上调油价之前，已着手开展对贫困人民的社会援助，包括发放福利家庭卡、健康卡和智能卡，以减少贫困民众因燃油调价带来的困难。（3）把节余资金投入"海上高速公路"等基础设施和生产性部门，减少印尼居高不下的物流成本，同时增加对农民和渔民补贴，以提高农业和渔业生产。（4）成立油气改革小组，以解决长期困扰印尼政府并影响油气发展潜力的顽疾，以确保印尼油气领域可持续发展，保障国内市场燃油供应，从根本上解决燃油补贴问题。油气改革小组由印尼著名经济学家、印尼大学讲师费萨尔·巴斯利担任组长，油气改革小组在能源和矿业部的监督下，负责对印尼油气领域存在的棘手问题提供系统性的建议解决方案，以确保印尼油气领域可持续发展。目前印尼油气领域存在回收率低、油气生产效率不高、炼油厂老化严重、缺乏战略储备等系统性问题，完善印尼

---

① 驻印尼经商参处：《印尼油价上调30%将导致运输成本提高10%》，http://id.mofcom.gov.cn/article/ziranziyuan/zhengt/201411/20141100805954.shtml，2014年11月18日。

政府油气监管透明度,将有效控制贪污等油气非法行为。改革小组也要负责简化油气领域审批程序方案,并对印尼油气上游监管机构(SKKMigas)等机构改革和修订2001年《油气法》等提出建议。①

二 印尼矿产业发展现状

(一)印尼主要矿产概况

印尼拥有丰富的矿产资源,主要有石油、天然气、煤、镍、锡、铅、铜、金、银、铬、铝土矿、硫和高岭土、锰、铀、长石、大理石、花岗岩、石英砂、黏土、白云石等。马鲁古群岛、苏拉威西省、加里曼丹省和巴布亚岛、爪哇岛南部沿海、苏门答腊岛等都是印尼主要的矿产区。印尼集中了资源及能源两大优势,矿业是印尼重要的支柱产业,在印尼国家经济发展中扮演着十分重要的角色。印尼是国际煤炭及镍、铁、锡、金等金属矿产品市场供应的重要来源,由于印尼自身开采能力有限,矿产开采业是外商投资的传统热点行业。由于印尼地质勘探技术落后,统计工作薄弱,资源开发利用能力差,政府对本国的资源储备状况掌握极不完整,长期以来矿产资源主要由外国公司开发利用。根据印尼能源和矿业部的统计资料,其主要矿产资源储量和分布情况如下。

1. 主要矿产

铝土矿。印尼铝土矿资源储量为19亿吨,探明储量为2400万吨,主要分布在邦加岛和勿里洞岛、西加里曼丹省和廖内省。目前主要由印尼国营矿业公司铂阿内卡·塔姆邦(PT. Aneka Tambang TBK)进行铝土矿的开采工作,开采地点主要在廖内省

---

① 驻印尼经商参处:《印尼成立油气改革小组,望彻底解决油气领域顽疾》,http://id.mofcom.gov.cn/article/ziranziyuan/zhengt/201411/20141100805961.shtml,2014年11月20日。

宾淡岛和西加里曼丹省。

镍。印尼镍矿资源储量约 13 亿吨，探明储量 6 亿吨，主要分布在苏拉威西岛和附近岛屿，当地人俗称大 K 岛和小 K 岛，前者占据整个印尼镍资源的 70%—80%，而后者约 20%—30%。在苏拉威西岛东南方向的整条海岸线分布着恒顺众昇、中国罕王和青山不锈钢基地等主要中资企业。苏拉威西岛是印尼中部的一个大型岛屿，陆地总面积约 17 万平方公里。地质属性多高山深谷，少平原，岛中部是险峻的山区，海岸线总长 5478 千米，沿海满布珊瑚礁，因此冶炼基地的码头建设资金是一个重要资本支出。与铝土矿一样，由于冶炼技术和设备的缺乏，印尼国内对镍矿需求很少，对镍产品的需求则从国外进口，如从中国、日本和美国。

铜矿。印尼铜矿主要分布在巴布亚岛的格拉斯伯格（Grassberg）、Inter-Mediate ore Zone 和 Big Gossan 地区、北苏拉威西岛的哥伦达洛省，资源储量约 6600 万吨，探明储量为 4100 万吨。印尼铜矿开采基本上被外国公司或合资企业所控制。美资占 80% 的 PT. Freeport Indonesia Company 是印尼最大的铜业公司，其矿区在巴布亚岛。其次是美、日和印尼各占 45%、35% 和 20% 股份的 PT. Newmont Nusa Tenggara 公司，矿区在西努沙登加拉岛。

金矿。印尼金矿资源储量约 191 万吨，探明储量 3200 吨，主要分布在苏门答腊岛、苏拉威西、加里曼丹和巴布亚岛。主要经营公司有印尼国营矿业公司、PT. Newmont Nusa Tenggara、PT. Freeport Indonesia Company、PT. Aneka Tambang、PT. Newmont Minahasa 5 家公司。

煤矿。据印尼能源和矿业部表示，印尼煤炭储量有 82.6 亿吨，每年产量几乎 4 亿吨，足够 20 年之用。此外还有尚未探明的煤炭预测储量 239.9 亿吨，根据能源和矿业部的煤炭储量地图，大部分煤炭储存在廖内省、南加里曼丹、东加里曼丹和中加里曼丹。印尼煤矿多为露天矿，开采条件较好。但随着近年来开采量增加，露天煤矿的面积逐渐缩小，未来开采深度和难度将逐渐增加。印尼无烟煤占煤炭总储量的0.36%，烟煤占14.38%，次烟煤占26.63%，褐煤占58.63%。印尼的煤炭多具有高水分、低灰分、低硫分、高挥发等特性。[①]

（二）印尼主要矿产的生产状况

印尼矿业巨头众多，矿产开采业是内外资较集中的部门。目前，主要由布米资源公司（Bumi Resources）主导，该企业旗下拥有印尼较大的卡蒂姆普里马煤炭公司（Kaltim Prima Coal）及第四大煤矿奥特明（Arutmin）；其次是印尼国有企业印尼锡矿公司（PT. Timah）。印尼锡矿公司（PT. Timah）是印尼锡矿密集区邦加较大的锡矿运营商，也是全球较大的综合性锡矿企业，它掌握着科巴（Koba）锡矿25%的份额。另外，印尼自由港公司（PT. Freeport）和印尼纽蒙特努沙登加拉公司（PT. Newmont Nusa Tenggara）是印尼的铜矿开采商，分别在格拉斯伯格（Grasberg）和巴图希瑙（BatuHijau）矿区进行开采作业。

自2014年1月12日禁止原矿出口以来，虽然印尼出口受到一定影响，贸易平衡压力加大，但2014年前10个月已陆续吸引不同规模的冶炼厂投资项目24个，投资总额超过350亿美元；已有24个企业在印尼投资建设冶炼厂，大部分项目在2013年和2014年开始启动，但大多数项目处于可行性研究阶段，少数已开始建设，个别项目已建成投产，大部分冶炼厂将于2017—2019年建成投产。例如，2014年俄罗斯投资工业集团投资15亿美元在印尼建设冶炼厂，包括投资10亿美元建设氧化铝精炼厂，该项目位于加里曼丹，设计年产能200万吨，计划4

---

① 驻印尼经商参处：《印尼未探明煤炭储量预计约239.9亿吨》，http://id.mofcom.gov.cn/article/ddgk/201702/20170202514965.shtml，2017年2月14日。

年建成。所生产的氧化铝将出口中国供给俄罗斯投资工业集团设在中国的电解铝厂，该集团在中国投资的电解铝厂投资高达30亿美元。另外，投资5亿美元建设镍冶炼厂，该项目预计3年建成。2014年在印尼矿产外资投资中最多的是镍矿冶炼厂，计划投资项目9个，投资额约139亿美元，建成后将年产230万吨镍铁。氧化铝项目共5个，投资额达85亿美元，建成后产量将超过1000万吨。其中大部分镍铁和氧化铝项目投资来自中国企业。印尼国内唯一的一家氧化铝加工厂由国有矿业阿涅卡坦邦公司（Aneka Tambang）拥有，该厂年产量20万吨。如果外国投资者和当地合作伙伴合作良好并取得相关矿业许可证书。铜矿冶炼项目共4个，投资额约75亿美元，产量约78万吨。此外还有6个钢铁项目，总投资达56亿美元，建成后产量为640万吨。根据印尼政府统计，2014年有包括铝矾土、锰在内的64家冶炼厂在建。

自2014年1月12日印尼政府颁布禁止原矿出口禁令以来，除给予美国的矿业巨头在一定范围内的妥协外，印尼政府一直坚持了这一政策。2018年8月，据印尼能源部公布的数据显示，印尼政府暂时收回了四家企业的镍矿石和铝土矿出口许可，称因冶炼厂未进行加工作业。数据显示，从PT. Surya Saga Utama、PT. Modern Cahaya Makmur和PT. Integra Mining Nusantara这三家公司中共计收回4222119吨镍矿石出口许可。虽然短期内印尼政府因此承受一定压力，但印尼政府的这一政策是在长期的经济利益和短期的经济风险之间的一种选择。最重要的收益是拉长了产业链，增加外商投资。由于原矿不能直接出口，所以导致本地的矿主选择投资冶炼厂。另外大量的中国工厂承诺在当地建立冶炼厂，这也是印尼政府出台该禁令的主要目标之一。2017年1月，印尼开始恢复铝土矿出口，这是自2014年1月印尼政府实施矿种出口禁令计划（其中包括铝土矿）以来的首次正式恢复。同年3月底安塔姆公司获得首批85万吨出口配额，于6月初达成第一宗印尼铝土矿交易。中国铝土矿对外依存度达到45%左右。据Wind统计数据：2016年中国铝土矿消费量达到11705万吨，进口量达到5205万吨，对外依存度为44.47%，主要进口国家是澳大利亚、几内亚、马来西亚和印度等。[①] 印尼能源部公布的数据显示，2018年印尼镍矿石出口量为2200万吨，铝土矿出口量为980万吨。

第二节　印尼能源矿产业相关法律制度及其投资环境

一　印尼能源的管理

为了规范能源矿业、促进能源矿业新的发展，印尼政府制定了一系列法律政策，以调整原有的能源发展结构，推动经济社会的健康发展。印尼于2001年10月23日通过了新的石油天然气法，新颁布的油气法降低了政府在石油天然气领域的权力并放开了石油下游和天然气运销领域的竞争，建立上游执行机构——油气上游操作执行委员会（即BPMIGAS）和下游控制机构——油气下游管理委员会（即BPHMIGAS），印尼国家石油和天然气公司（Pertamina）的产品分成合同管理职能划归油气上游操作执行委员会，对下游管理业务划归下游管理委员会。印尼国家石油和天然气公司则成为一个纯有限责任公司参与竞争。这一变革消除了印尼国家石油和天然气公司控制上游业务所固有的利益冲突，开放了下游竞争市场。新油气法规定从事上游操作的印尼本地法人实体或国外注册公司禁止从事下游业务，每个印尼本地法人实体或国外注册公司只能授予一个作业区块，

[①] 驻几内亚使馆经商处：《印度尼西亚铝土矿将重返中国市场》，http://gn.mofcom.gov.cn/article/jmxw/201706/20170602597242.shtml，2017年6月22日。

如果要在几个区块作业，应单独成立实体。另外下游业务还必须申领执照，勘探开发的所有资料也属于印尼。① 20 世纪 80 年代后期印尼开始采取鼓励政策吸引外资开展油气勘探，2000 年印尼通过拟订的新石油法草案对国家石油公司实行私有化，简化外国企业的审批手续；2001 年新油气法实施后，印尼又依法签署了若干涉及油气上、下游的政府条例，2002 年政府出台新的法规鼓励增加油气产量和天然气出口，2003 年印尼出台新的油气区块招标政策，包括降低头份油的缴纳比例，根据供求双方协议确定天然气价格；2005 年印尼政府再次修改石油法，将油气行业分为上、下游两部分，石油天然气工业的管理分为能源与矿业部、油气上游操作执行委员会、油气下游管理委员会和印尼国家石油和天然气公司。② 能源与矿业部负责全印尼的能源事务，能源与矿业部通过其下属的石油天然气总局（即 MIGAS）管理整个石油天然气工业，石油天然气总局通过油气上游操作执行委员会管理产品分成合同的执行，还负责发放石油天然气领域的各种执照、监督本国工人培训计划的执行。油气上游操作执行委员会向能源与矿业部部长推荐准备授标的合同区块和合作合同，签署合作合同，根据合同控制上游操作和指定政府石油天然气份额的销售者。石油天然气总局还包括一个监督石油天然气产品质量和提供技术支持的研究机构——油气技术研究开发中心（即 LEMIGAS），该中心是一个非盈利的国有法人实体，代表政府于各业务实体签订油气合作合同，同时作为委员会控制所有油气上游作业活动。油气下游管理委员会主要是代替以前印尼国家石油和天然气公司的部分政府职能，主要是控制和决定石油燃料的供应和分配，控制天然气的输送

---

① 孙仁金、陈焕龙、吕佳桃：《印度尼西亚石油天然气开发管理与对外合作》，《国际经济合作》2008 年第 8 期。
② 吴崇伯：《印度尼西亚油气产业的发展与改革》，《东南亚研究》2010 年第 6 期。

和分配，分配燃料和石油天然气输送与储存设施的使用以保证国家石油燃料储备的要求，设定天然气管线输送费用和民用与小用户天然气价格，设定天然气管线所有权价格，推荐管线建设费收费。2006 年印尼政府发布三项能源政策：2006 年 1 号文件、2 号文件和 5 号法规以作为将来国家能源法律和法规的基础，政府能源政策的基本指导思想是改变能源消费结构，尽量减少对石油的依赖，增加非出口能源（如地热、水电和煤）的开发，其主要目标是发展替代能源以不断满足国内对能源的需求，保持石油和天然气作为主要出口商品的地位。为此印尼政府制定了今后 20 年的发展目标，到 2025 年能源消费中使用石油的比例将从 2005 年的 55% 减少到 20%，煤炭和天然气所占比例将分别从 2005 年的 15.7% 和 23% 增加到各占 33%，使煤炭和天然气成为最重要的能源。此外还要增加生物能源、地热、可再生能源、液化煤的使用比例。

（一）印尼政府鼓励国内外投资者参与印尼油气领域投资

油气行业投资巨大，风险也相对较高，印尼政府在油气勘探、开采、冶炼等领域政策不具有足够吸引力，导致投资者积极性不高。印尼政府研究出台更多优惠支持政策，推动国家财政预算、国有企业、私营企业等共同合作参与油气领域，提高印尼油气开采能力。印尼石油管理部门近年来出台了一系列优惠政策以引进更多的资金和设备开发油田，例如为鼓励外资在伊里安查亚（巴布亚）省等东部边际地区投资，增加油气开采，2007 年 11 月印尼政府向在深海和边疆地区油气区块进行开发开采的公司提供更优惠的产品分配方案，这些公司得到 49% 的产量，印尼政府得到 51%。2006 年 10 月印尼政府取消了用于油气勘探和开发所需进口物资的进口关税。印尼还加大了勘探开发投资，印尼将对前沿地区的新油气田进行勘探开发，特别鼓励在南苏拉威西和巴布亚地区进行勘探开发，希望在东部和深水地区获得可观的石油储量，增加石油产量，以改变当前石油储量和产量均主要集中在苏门答腊和加里曼丹为中心的陆上和海上的局面。印尼在未来勘探前景看好的深水区加速寻求战略合作伙伴,已经与壳牌和挪威国家石油公司达成合资协议。①

(二) 兴建炼油厂是印尼新政府执政的优先领域

根据计划,未来几年印尼政府将兴建2—3座炼油厂,以减少对进口燃油的依赖。此前印尼能源和矿业部多次被批在建造炼油厂及相关基础设施上进展缓慢,炼油项目无法顺利推进的主要原因是资金未能及时落实,为此能源和矿业部将加大同财政部等协调力度,加快建设炼油厂。② 印尼政府原计划使用国家预算资金兴建炼油厂,但由于投资额巨大、燃油供应缺口较大,最终决定与外资或私企合作。印尼鼓励外资企业投资兴建炼油厂,但对投资者提出了4项要求:一是投资者必须具备一定实力和高尖端科技,希望在印尼投资兴建的炼油厂是国际一流的;二是保障原油等原材料供应充足,确保炼油厂建成后能顺利投产;三是要具备开展石油化工的能力,以进一步延伸产业链;四是要雇用当地和国际专业人才,确保项目实施质量和效果。2013年年底,科威特石油公司和沙特石油公司有意在印尼投资兴建炼油厂,但两家公司均要求印尼政府提供减免30年企业所得税的优惠政策,由于印尼政府无法满足要求,导致投资被迫取消。2014年印尼政府为在印尼投资1万亿印尼盾(约合8333万美元)以上的炼油厂提供5—10年的免缴企业所得税条件,期满后将享受2年企业所得税减半等优惠,印尼政府还研究和评估投资者希望的超过10年的减免税政策,以支持炼油业的发展。

---

① 吴崇伯:《印度尼西亚油气产业的发展与改革》,《东南亚研究》2010年第6期。

② 驻印尼经商参处:《印尼政府拟采取五项措施减少燃油进口》,http://id.mofcom.gov.cn/article/ziranziyuan/zhengt/201411/20141100786384.shtml,2014年11月4日。

(三) 印尼政府注重重点培养本国能源企业

过去几十年印尼国家石油和天然气公司完全控制了印尼油气行业的下游业并在上游业代表政府签订勘探开发合同，成为政府对油气工业的管理者。随着2004年7月以后第一批外国公司进入印尼零售石油产品市场许可证的开始实施，印尼国家石油和天然气公司开始面对外国公司的竞争，印尼国家石油和天然气公司丧失了在天然气工业上游生产的垄断地位。虽然印尼对油气管理体制进行改革，引入竞争机制限制印尼国家石油和天然气公司的垄断经营权，但印尼政府还是积极给本国能源企业提供诸多帮助和支持，其中包括提供更便利的贷款和投资手续。2017年9月印尼政府对外表示争取年内正式成立矿产和油气两大国有控股公司，目前正在加快推进相关程序，印尼政府认为控股公司将有利于整合资源、提高效率，做大做强印尼国有企业。①

二 印尼矿产业的管理制度

能源和矿产资源部是印尼矿业的政府主管部门，根据法律的规定，其主要职能包括：代表国家制定矿产资源和地矿产业政策，颁布和执行矿业法规，并通过政策导向、矿业执法进行全国矿业的监督和管理；进行全国基础地质调查、广义环境地质调查和研究、矿产资源总量调查和评价研究，为引导矿业投资提供信息和咨询服务。该部下设的部门包括地质与矿产资源局、石油与天然气管理局，它们分别管理全国的固体矿产和油气资源的有关工作。印尼政府根据矿产资源领域的具体特点，分别制定了一系列的法律法规。根据印尼1967年《矿业法》，

---

① 驻印尼经商参处：《印尼国企部长丽妮表示年内成立矿产与油气两大国有控股公司》，http://id.mofcom.gov.cn/article/jjxs/201709/20170902650186.shtml，2017年9月25日。

矿产资源属印尼国有，国家拥有专属的采矿权，印尼国内的企业和其他主体可以依法申请采矿权。1967年《矿业法》确立了印尼的矿业管理制度，即中央为主、地方为辅的管理制度。1996—1997年，印尼经济危机使印尼政府不得不将中央集权制度改成地方分权制度，1999年国会通过了地方自治22号法案，它将中央政府的一些权力下放到了地方政府，包括矿权管理、国内贸易、投资和工业政策等，地方政府因此获得了较大的矿产管理开发的权限。1999年25号法对中央和地方政府关于财政分配的相关事项进行了详细规定，将至少25%的国内收入通过中央分配基金转移到地方政府；另外矿山所在的省政府和其他地方政府将从征收的税后石油权利金中得到15%的份额，天然气中的30%，其他矿产的80%；从此印尼矿业管理（相当部分）进入到了一个地方自治时代。

（一）新《矿产和煤炭矿业法》（2009年）

2008年12月16日印尼通过了新的《矿产和煤炭矿业法》，2009年1月12日该法以2009年4号令（2009年第4号法律）的形式正式颁布施行［以下简称为"《矿业法》（2009年）"］，《矿业法》（2009年）主要聚焦于矿业的管理。

1. 矿产开采使用许可证制度

《矿业法》（2009年）第35条规定了矿业投资准入资质，具有资质的主体方可申请采矿权，新矿业法规定了3种主要的矿权类型：一般矿产经营准字（IUP）、人民矿产经营准字（IPR）和特殊矿产经营准字（IUPK）。其中人民矿产经营准字（IPR）不适用于外国人，当地政府划定一定的区域，允许当地居民在区域内进行小规模的开采作业；特殊矿产经营准字（IUPK）是国家保留区域的矿权，即国家对特定的品种、矿区可以保留专由国家开采的权利；而一般矿产经营准字（IUP）采用普通矿权取代执行了41年之久的标准工作合同、煤炭承包合同及当地人的矿权许可证制度，允许外国投资者直接持有普通矿权。

但采矿许可证制度与可展期的最长 30 年标准工作合同制相比，其期间缩短许多，第 42 条规定：金属勘探 IUP 有效期最多可给 8 年；非金属勘探 IUP 最长 3 年；非特别种类金属勘探 IUP 最长 7 年。在矿产采矿经营方面：金属生产运营 IUP 期限 20 年，可延长两次，每次 10 年；非金属矿生产运营 IUP 期限 10 年，可延长两次，每次 5 年；非特别金属矿生产运营 IUP 期限 20 年，可延长两次，每次 10 年；煤炭生产运营 IUP 期限 20 年，可延长两次，每次 10 年；石料生产运营 IUP 期限 5 年，可延长两次，每次 5 年。

2013 年印尼政府为了防止地方政府过度和重叠发放矿权许可并加强中央政府的授权和监管，决心调整矿业开采许可体系，由于印尼中央政府和地方政府的权责不明晰，近年来印尼地方政府对矿权的管理十分混乱，矿权审批重叠和矿区过度开采等问题层出不穷，并导致投资的法律不确定性。根据现行法律，印尼地方政府被赋予唯一的无限签发矿权许可的权力。在印尼已发放的 10566 份矿权许可中，有一半以上是在中央政府将权限下放地方的 10 年内签发的，并引起了一系列法律纠纷和重大的利益冲突问题。由于对矿权管理不善，导致 2012 年英国丘吉尔（Churchill）矿业公司因矿权重叠纠纷向华盛顿国际仲裁中心提起仲裁，并向印尼政府提出 20 亿美元的赔偿请求。在加拿大菲沙研究所（Fraser Institute）发布的 2013 年度世界矿业投资环境调查报告中，印尼被列为矿业投资环境最差的 10 个国家之一。而且自 2013 年开始，印尼肃贪委也开始密切关注矿业企业的税务问题，与财政部税务总司开展合作，发现印尼存在税务问题的矿业企业达数千家，其中约 3000 家企业拥有经营许可证，但仍无纳税者编号。根据《矿业法》（2009 年），签发矿业经营许可证的权利从中央政府下放至地方政府，在县域内的矿权由县政府签发，两县之间的矿权由省政府签发，只有两省之间的矿权才由印尼能源和矿业部签发，导致地方在签发矿权时缺乏统一标准，出现了矿权重叠、手续不全、税收漏缴等问题。印尼矿业存在的税务问题，主要源于印尼政府的地方自治规定，自实施地方自治改革以来，印尼的矿业经营许可证从之前的约 500 个骤升至 1.1 万个，其中有约半数存在矿权重叠和偷漏税等问题。因此印尼肃贪委将清理矿业企业的经营许可证，对于存在税务问题的矿业企业，将视情撤销其经营许可证。

2. 重新划分了矿产资源的分类

1967 年《矿业法》将矿产资源分为 A、B、C 三大类。A 类为战略矿产，包括石油、天然气、煤、铀等放射性矿产、镍、钴、锡，这 7 类矿产只能由国家经营；外国公司作为政府机构或国有公司的承包人，经国会批准后也可按合同规定参与战略性矿产的勘查和开发活动。B 类为重要矿产，包括铁、锰、铝土矿、铜、金、银等 34 种矿产。这些矿产可以由国有公司、本土公司、合资公司和个体投资者进行勘察和开发。A、B 类矿产开发权的授予由中央主管部门负责；C 类主要是非金属矿产，主要由省政府管理。《矿业法》（2009 年）、《投资法》（2007 年）（含 2007 年 77 号总统条例附录）将印尼的矿产资源划分为："放射性""金属""非金属"和"煤炭、泥炭和油页岩"四类。将核矿产、煤炭、油页岩等能源矿产突出地归为一类的划分反映出了当今各国对能源的高度战略定位。《矿业法》（2009 年）第 13 条划分了矿区种类，规定矿区分三种：即一般开采矿区（WUP）、人民开采矿区（WPR）和国家储备矿区（WPN）。金属勘探 IUP 持有者可获得的准字开采矿区（WIUP）面积最小 5000 公顷，最大 10 万公顷。金属生产经营 IUP 持有者可获得的 WIUP 面积最大 25000 公顷。非金属矿产勘探 IUP 持有者可获得的 WIUP 面积最小 500 公顷，最大 25000 公顷。非金属矿产生产经营 IUP 持有者可获得的 WIUP 面积最大 5000 公顷。煤炭是印尼特殊的矿种，新矿业法对煤炭的矿区面积作了单独规定：煤炭勘探 IUP 持有者可获得的 WIUP 面积最小 5000 公顷，最大 5 万公顷；煤炭生产经营 IUP 持有者可获得的 WIUP 面积最大 15000 公顷。

3. 明确了中央与地方政府在矿产管理、开采的权限划分

《矿业法》（2009 年）第四章第六款、第七款和第八款分别规定了中央政府、省级、县级政府管理矿产煤炭开采的权限，其中第六款规定中央政府管理煤炭开采的权限包括：制定国家政策，制定法律法规，制定国家标准，制定开采准字体系，与国会及地方政府咨询和协商后决定矿区（WP）；颁发矿产经营准字（IUP），指导、解决社区矛盾，监督在省界及离岸 12 海里外直接影响环境的矿产经营活动；颁发特别勘探、生产性的矿产经营准字（IUPK）；评估地方政府发出的已造成环境破坏及未良好经营的生产性矿产经营准字；制定生产、销售、利用及环保的政策；制定合作、提高社区参与和能力的政策；制定对矿产及煤炭征收国家非税收入的政策；指导、监督由地方政府管理的矿产煤炭经营活动；指导和监督地方管理矿产的条例的制定；调研整理相关信息已确定一般开采矿区（WUP）和国家储备矿区（WPN）；整理收集全国矿产煤炭信息数据；指导和监督开垦及采后处理；编制全国矿产煤炭资源平衡表；发展与提高矿产经营活动的附加值；提高中央及地方各级政府经营管理矿产活动的能力。上述权限将根据本法律的相关政府条例来实施。

第七款规定省政府管理矿产煤炭开采的权限包括：制定地方法规；颁发矿产经营准字和人民矿产经营准字（IPR），指导、解决社区矛盾，监督县界及离岸 4—12 海里内的矿产开采经营活动；整理调研相关权限内的矿产煤炭信息数据；管理省区矿产煤炭资源及开采活动的信息和数据；编制省区矿产煤炭资源平衡表；发展和提高省区矿产煤炭经营的附加值；发展和提高社会参与度及环保；根据权限协调本区矿区爆炸品批准并监督其使用；向部长及县市长提供有关普查及开采资料；向部长及县市长提供生产、国内销售及出口的资料；指导和监督填埋及

采后管理；提高省市各级政府经营管理矿产活动的能力。上述权限将根据本法律的相关政府条例来实施。

第八款规定县市政府管理矿产煤炭经营的权限包括：制定地方法规；颁发矿产经营准字和人民矿产经营准字（IPR），指导、解决社区矛盾，监督县市内及离岸4海里内的矿产经营活动；整理调研矿产煤炭信息数据；管理省区矿产煤炭资源及开采活动的信息和数据；编制县市内矿产煤炭资源平衡表；发展和提高社会参与度及环保；发展和提高本地矿产煤炭开采的附加值和优化经营；根据权限协调本区矿区爆炸品批准并监督其使用；向部长及省长提供有关普查、勘探和开采资料；向部长及省长提供生产、国内销售及出口的资料；指导和监督填埋及采后管理；提高县市政府经营管理矿产活动的能力。上述权限将根据本法律的相关政府条例来实施。

总体上看，《矿业法》（2009年）对中央政府的管理权力做出了相应的限制，而地方政府的管理权力进一步扩大。它还规定 IUP 或 IUPK 持有者有义务向国家和地方缴纳收入，包括税收和非税收入；金属或煤炭生产经营者 IUPK 持有者须缴纳生产后净利的4%给中央政府、6%给地方政府。《矿业法》（2009年）在一定程度上遏制了地方政府自治以来造成的资源滥采，统一了矿产资源的准入资质、考核标准，同时有利于印尼政府更好地控制印尼当地的矿产资源，对外企投资矿业的能力、对矿业投资的经济效能进行评判，筛选优质的国外矿业资本进入本国矿业进行深度开发、合作。

4. 增加对国内行业的保护，限制原矿出口

要求投资者必须在印尼境内处理所有金属原料，以发展本土工业，不得直接出口未精炼之矿产品，必须先在印尼精炼完成后方可出口，此举旨在提升印尼精炼业，增加矿产品之出口价值，充分发挥资源的市场价值。但也不可避免地造成在印尼投资采矿的外国公司未来将多支出若干成本，无论是自建精炼

厂，或交印尼精炼厂提炼矿产品，都必然将占用投资者的资本回收周期。新法还明确了生产5年后就必须进行股权减持，减持虽然不是一次性的，而是分期逐步完成，但将对国际矿业投资者在印尼的未来投资形成严峻考验。《矿业法》（2009年）第95条还规定IUP或IUPK持有者有义务运用良好的开矿技术标准，提高矿产品或煤炭的附加值，遵守环境负荷限度，这实际上对投资印尼矿业的资本提出了高效率开采经营的无形要求，如若探矿不准，采矿技术不高，矿产品营销不畅，资金回笼不及时，将给外国资本造成极大损失。这些规定体现了印尼强烈的国内行业保护色彩，采矿投资者未来需投入大量资金，而获利却不明朗，从建厂到高能生产的期限将严重制约先前没有精炼限制时的投资效益。

《矿业法》（2009年）取消了外国投资者和国内投资者的区分，简化了采矿管理程序。IUP许可证的申请与批发既适用于国内投资者也适用于外国投资者经营、运作采矿活动。所有印尼公司和包括含外国股东的印尼公司（PMA公司）都可以持有IUP，这与旧法下PMA公司只能直接通过工作合同制经营、运作采矿，不能持有采矿牌照有本质区别。但《矿业法》（2009年）仍然规定了合资公司的外国股东须在持有PMA公司股权一定时期后减持股权。体现在《矿业法》（2009年）第112条规定在生产5年后，外资企业有义务向中央或地方政府或国有企业、地方企业、国内私营企业减持其股份，细则将由政府条例来规定。《矿业法》（2009年）第103条、第170条分别是关于"生产经营IUP或IUPK的持有者有义务在国内进行加工和冶炼其矿产品，细则将由政府条例来规定""已生产的工作合同持有者有义务在最迟5年后进行冶炼"的规定。该规定是要求获得矿业许可证的现有生产企业在印尼国内冶炼加工其矿产品，即企业要么自己建设矿产冶炼加工厂，要么交给国内其他合法的冶炼加工厂；而持有原有标准工作合同的现有生产企业则最迟在《矿业法》（2009年）实施后5年内要建立上述冶炼厂，即2014年5月12日起将不允许任何金属采矿企业出口金属原矿石，生产的矿石必须在本地区加工，不管该企业是否在本地区拥有冶炼厂。

（二）印尼矿产出口税

根据《矿业法》（2009年）规定，为推动印尼矿产品加工中下游产业发展，2014年1月后在印尼采矿的企业具有就地加工冶炼的义务。2012年上半年，为避免全面禁止原矿出口前的过度开采，印尼政府开始限制原矿出口，对65种金属矿采用配额许可制度，并征收20%的出口税。但由于印尼基础设施落后和就地冶炼所需投资较大，大部分企业处于观望状态。虽然已有近300家企业提出兴建冶炼厂的申请，一些企业已启动可行性研究和准备工作，少数企业已开工建设，但大部分企业无法在规定期限内兴建冶炼厂。是否按时执行新矿业法有关规定，一直成为印尼业界争论的焦点。由于2013年以来印尼出口表现不佳，贸易逆差和经常账户赤字压力增大，印尼政府有关部门试图通过新矿业法中的"漏洞"，努力在现有法律框架下寻求变通方法，避免全面禁止原矿出口对印尼经济造成过大冲击。

2014年1月11日，时任印尼总统苏希洛签署2014年1号政府条例，该法令主要包括以下内容，一是明确规定未经加工的原矿禁止出口；二是政府鼓励矿物在印尼境内加工冶炼；三是经过选矿或粗加工的精矿石将可以继续出口至2017年1月。1月13日，印尼能源和矿业部与财政部分别颁布部长条例，对原矿出口实施细则作出规定。其中，能源和矿业部颁发了《关于在国内加工和提炼（冶炼）来提升矿产附加值的规定》（2014年第1号能源和矿业部部长条例），规定在印尼国内矿产加工和提炼（冶炼）的最低标准。同时废除了以前关于在国内加工和提炼（冶炼）以提升矿产附加值的法规（2012年第7号和2013年第20号能源和矿业部部长条例）。根据2014年第1号能源和矿业部部长条例,例如镍矿、铝矾土、铅锌矿、金矿、银矿、锡矿、铬矿等矿产因提纯工艺中没有过渡性产品,需进行冶炼提纯。而粗加工后纯度分别达到最低纯度标准的铜矿(15%)、铁砂(56%)、铁矿石(62%)、铅(57%)、锌(52%)、锰(49%)等精矿石允许被出口到国外,直至提纯设施建设完成,但最迟不能超过2017年1月12日。根据2014年第6号财政部部长条例规定,对除铜精矿以外的精矿,2014年征收20%出口税(铜精矿为25%),2015年上半年、下半年分别征收30%和40%的出口税(铜精矿35%和40%),2016年上半年、下半年分别征收50%和60%的出口税(同铜精矿)。精矿出口税要凭能源和矿业部出具的关于精矿种类、纯度的推荐信向贸易部申请特别出口许可证,经过指定检验检疫机构(PT. Sucofindo 和 PT. Surveyor Indonesia)的装船前认证并缴纳出口税后,才能出口。2014年2月印尼贸易部发布公告称,根据收到的申请和材料审核结果,已批准9家企业出口精矿,期限将根据许可证分别截至2016年和2017年。这9家企业包括3家镍矿公司[印尼国家矿业公司(AnTam)、PT. Indoferro、淡水河谷公司]、2家金矿公司(PT. J. Resources Bolaang Mongondow、PT. Nusa Halmahera Minerals)、1家锰矿公司(PT. Anugerah Nusantara Sejahtera)、1家铜矿公司(PT. Smelting)、2家铅锌矿公司(PT. Long Xin Group Resources、PT. Global Multi Tambang)。但印尼政府要求出口精矿企业缴纳建厂保证金,以确保冶炼厂建设进度,为了确保企业真心在印尼投资兴建冶炼厂,向印尼能源和矿业部申请出口精矿推荐信的企业,必须支付公司投资额5%的建厂保证金。这笔资金将存在印尼本地银行,由印尼政府进行监管,如果企业最终未能建成冶炼厂,保证金将被扣除,如果冶炼厂顺利建成,保证金将如数退还。

印尼相关政策遭到国内外矿业企业的强烈反对,2012年2月,印尼能源和矿业部出台限制原矿出口政策后,印尼工商总会和企业家协会公开表示反对。印尼镍业协会表示，2012年5月印尼政府限制原矿出口以来，已对相关企业造成大量损失，仅镍矿一种，损失即超过7万亿印尼盾（约合7.3亿美元），该协会不反对政府推动矿业下游加工的计划，但希望能预留更多时间以做好充分准备，并呼吁遭受损失的矿业企业向政府提出索赔，随之印尼镍业协会将印尼能源和矿业部告上法庭。9月12日印尼最高法院裁决，撤销能矿部2012年第7号部长条例中关于能源和矿业部签发原矿出口许可证的法律依据（第8条第3款、第9条第3款、第10条第1款）和关于限制原矿出口（第21条）有关条款。印尼能源和矿业部表示限制原矿出口相关条例至今仍有效，并再次阐述该条例出台的目的是鼓励投资者在印尼国内建设原矿加工冶炼厂，以提高原矿附加值并推动印尼国内冶炼业发展。业界认为，印尼限制原矿政策由能源和矿业部、贸易部和财政部相关条例共同组成，本次印尼最高法院虽然裁决镍业协会胜诉，但只裁决能源和矿业部第7号部长条例的部分条款违法，未能根本改变印尼限制并于2014年全面禁止原矿出口的局面，相关企业仍需做好在印尼投资建设冶炼厂的准备工作。印尼矿业家协会（APEMINDO）也向印尼宪法法院就时任总统苏希洛签署的政府条例提起诉讼，但2014年12月3日，印尼宪法法院做出判决，拒绝了印尼矿业企业家协会和数家矿业公司对印尼政府实施原矿出口禁令司法审查的要求，裁决原矿出口禁令将继续执行。上诉方认为《矿业法》（2009年）的规定只要求矿业公司在出口之前对原矿进行加工以提升附加值，未明确要求禁止原矿出口。但印尼宪法法院认为，为保持国内冶炼厂拥有足够的原矿供应，目前实行的原矿出口禁令是必需的。而且禁止原矿出口前给予了企业5年的过渡期。印尼政府表示，欢迎宪法法院的决定，这将支持政府更加有效地管理资源。

外国企业中，美国自由港和纽蒙矿业公司以该政府条例违反它们与印尼政府签订的工作合同为由，呼吁印尼政府取消对他们征收的出口税，如果不取消出口税，将大规模裁员并起诉印尼政府。美企认为当时公司与政府签订的工作合同中并未包括此出口税，因此拒绝支付出口税。由于生产的铜精矿无法出口，纽蒙公司以库存已满无法继续生产为由关闭了 Batu Hijau 铜金矿场，2014 年 6 月美国纽蒙公司宣布 Batu Hijau 铜金矿遭遇不可抗力，并于 7 月向国际仲裁机构起诉印尼政府。2014 年 9 月美国纽蒙公司撤销对印尼政府的仲裁诉讼，并与印尼政府就矿业开采工作合同（CoW）达成共识，主要内容为：一是缩小采矿特许权区域，以符合 2009 年《矿物与煤炭法》；二是将矿业工作合同变更为特殊采矿营业执照（IUPK）；三是提高采矿权使用费，并作为印尼政府非税务性国家收入（PNBP）；四是纽蒙公司承诺在印尼国内进行原矿石精炼和加工；五是纽蒙公司根据印尼法律规定减持部分股份给印尼国有或私有企业；六是在进行采矿活动时，提高使用本地物资和服务的比例。在达成协议后，2014 年纽蒙公司将重新出口铜精矿 20 万吨，价值 4 亿美元。

2017 年 2 月 14 日印尼财政部表示，针对铅、锌、铁及铜精矿等半加工金属，印尼政府设定了 7.5% 的出口税，具体税率依企业建设下游冶炼厂的进度而有所不同。印尼财政部称企业建设加工处理设施的进度越快，适用的出口税越低。此外，镍含量低于 1.7% 的镍矿及氧化铝含量在 42% 以上的铝土矿适用 10% 的统一税率。①

（三）落实"一站式"服务

2012 年 5 月，印尼政府对 65 种矿产品出口加征 20% 出口

---

① 驻印尼经商参处：《印尼政府针对矿产品出口设定新税率》，http：//id.mofcom.gov.cn/article/ziranziyuan/jjfz/201702/20170202514956.shtml，2017 年 2 月 14 日。

税，并要求外国投资者在印尼投资设立冶炼加工厂等措施，刺激了外商对矿产下游行业的投资，目前矿业成为印尼第一大外商投资行业，占利用外资总量的1/6。由于印尼缺乏资金和技术设备，开采能力不足，开采技术比较落后，导致所蕴藏的丰富矿产资源尚未得到充分的开发和利用。近年来，印尼政府积极改善矿业投资环境，逐步放开外资进入的限制，颁布各项优惠政策吸引外商投资，从政治、经济、社会文化和法律等方面来不断改善投资环境，为外商投资提供了充分保障。[①] 这为有意向投资印尼矿业的企业提供了宝贵的投资机会，但另一方面，印尼矿业政策变化较大，特别是禁止原矿出口政策的制定和调整对其矿业投资环境有较大的影响，受到国际矿业投资者的较多关注。

印尼政府官僚主义严重、审批流程繁杂等一直是影响印尼投资环境的主要问题。长期以来，在印尼申办投资手续所花时间过长，从一个部门到另一个部门，所需时间长达一个月，而在新加坡仅需3天。2014年10月，印尼能源和矿业部表示将简化复杂的采矿业许可程序，以促进投资。通过简化许可，把现有的101个程序简化至71个，其中26个许可由能源和矿业部发放，另外45由其他部门发放。印尼政府希望通过简化许可促进投资。按照简化计划，矿业公司的每项业务操作最多只需要办理1个许可，但为保证矿业公司的规范操作，需要向能源和矿业部报告情况，能源和矿业部也将做好有关监督工作。另外，本次简化也涉及放开矿业公司运输产品能力的要求，矿产公司可以自行解决运输，如果本身不具备运输能力，也可聘请有相关能力的运输公司承运。

2015年1月印尼政府推出"一站式"服务政策，将22个部

[①] 唐新华、邱房贵：《论印度尼西亚矿业投资环境及其相关法律制度——以中国企业投资为视角》，《东南亚纵横》2015年第3期。

门或机构的135项审批权限转至印尼投资协调委员会（BKPM），由印尼投资协调委员会统一管理，从2015年6月开始BKPM可发放矿业和煤炭开采、生产、冶炼方面的许可，实行一站式服务可以有效整合电力许可手续，缩短办理时间和消除繁琐程序。全国省、市、县各级地方政府也将在一年内建成"一站式"服务体制，逐步改善印尼的投资环境。印尼开始试行的"一站式"投资许可发放机制最初由印尼的15个主要省份参加，新的投资许可发放机制涉及电力、工业、农业三个领域的135种许可，印尼16个政府部门与警察总署均已同意授权投资协调委员会发放这135种投资许可，国家食品药品管理局和国家标准化署也基于咨询目的而加入，18个相关部门与机构均已在投资协调委员会派驻代表以保证尽快办理有关手续。

此前在电力投资许可领域，涉及8个部门和地方政府，油气开发需要办理286种许可，至少26种许可由印尼能源和矿业部油气总司颁发，260种由油气上游管理机构（SKKMigas）颁发，即使是印尼国家电力公司（PLN）建设一个电站也需要办理多达52种许可，实行一站式服务并非易事。亚洲发展银行区域自治观察机构（KPPOD）对印尼2014年至2015年5月的规定改革和许可证执行等进行了研究，结果发现在印尼雅加达开展商务活动，需要经历超过10个不同程序审批，并耗时超过48天。在泗水和望加锡分别需经历9个和8个不同程序审批，分别耗时27天和25天。其中由贸易部签发的"公司注册证书（TDP）"和"永久贸易证书（SIUP）"，根据一站式服务规定应在3天内签发，而在雅加达和泗水分别需要14天和7天才能完成。由于印尼许可证审批效率低下，影响了企业投资及合作，雅加达和泗水有关部门尚未将"建筑许可证（IMB）"的签发权转移给一站式服务机构，也导致了一定的拖延；泗水设立了综合服务机构（UPTSA）和单一审批窗口，以实现许可证审批过程的透明性，但审批过程和许可证签署仍由各有关部门和机构负责。

（四）修订负面清单

2013年印尼政府启动投资负面清单（DNI）修订工作，加大吸引外国投资力度，新清单主要修订内容：一是放宽外资在陆路运输设施、普通车辆检验、制药等领域的投资限制。其中，陆路运输设施公司外资持股比例从0提高至49%；普通车辆检验公司外资持股比例从0提高至49%；制药公司外资持股比例从75%提高至85%；风险资本融资公司外资持股比例从80%提高至85%；广告行业外资持股比例从49%提高至51%。二是规定了公私合营（PPP）项目的外资持股比例要求。其中，10MW以上电站外资最高持股比例从目前的95%提高至100%，10MW以下电站外资最高持股比例仍为49%，输变电领域外资持股比例达100%；机场和陆路运输终端外资持股比例仍为49%；港口、收费公路、水务处理外资持股比例为95%。三是重新规定了电子通信行业的外资持股比例。对于此前印尼法律空白的固话通信、多媒体通信网络、多媒体服务提供等领域，规定了外资持股比例分别为65%、65%和49%。四是为保护当地企业和产业安全，适当收紧了物流、农业等领域的投资限制。其中，仓储和配送等物流领域外资最高持股比例从目前的100%下降至33%；冷冻冷藏公司外资最高持股比例根据区域不同从100%下降至33%和67%（苏门答腊、爪哇、巴厘为33%，加里曼丹、苏拉威西、东努沙登格拉、马鲁古、巴布亚为67%）；根据2010年《农业法》，农业种植的外资持股比例从95%下降为30%。

印尼政府希望通过鼓励投资来维持印尼的经济增长，把印尼打造成"投资亲善型"国家。但印尼政策一向不稳定也不够透明，印尼政府曾于2012年年初出台了一项政策，要求外资矿业企业必须在10年内分阶段向印尼政府或本地合作伙伴转让至少51%的股权，让投资者对印尼政府欲打造"投资亲善型"的决心产生怀疑。

第三节　中印（尼）能源矿产资源合作

一　中印（尼）能源合作

中国是亚洲国家在印尼油气方面投资最多的国家之一，中国石油公司近年来纷纷加大与印尼的投资合作，作为中国能源战略全球化的组成部分，中国对印尼的石油天然气投资还将不断增强。随着投资的加大，中国企业应更全面地了解印尼的油气投资环境、投资政策、投资风险，以实现投资的合理性和降低风险。

（一）充分了解印尼相关的油气法规，把握其油气对外合作政策

近年来由于印尼变成了石油净进口国，为了加强油气勘探力度，印尼政府在资源开采上增加了很多优惠政策，如税收优惠、股份要求及特定区域的勘探开发权，对中国企业而言是很好的机会，但同其他国家相比，其在投资模式、投资权限、利润分成等政策方面并不具有很大的利润优势，中国企业应根据自身情况并结合印尼的投资政策判断是否有利可图以决定是否进入。根据印尼投资法规定，在多数情况下合资企业中至少应有20%的产权属于本地合伙人所有，并且在开业的15年内使本地人占有的股份提高到不少于51%。但对于开设在保税区、产品100%出口的合资企业以及投资资本在1000万美元以上、开设在特定地点和出口产品达65%以上的合资企业可以把外资产权提高到95%的最高限度，所以中国的能源企业可以据此选择保税区并增加投资额度以获取更多的股份和更大的经营控制权，增大决策力度，同时增加在印尼的"份额油"。

（二）发挥中国石油公司的技术优势

印尼不想沦为单纯的原料产地，期望升级国内的能源及其相关产业。在印尼严格控制能源矿产出口的时候，如果再一味

地专注于印尼的能源矿藏已经行不通了,这就需要中国的企业和单位及时地转换自己的发展战略。印尼国内在传统能源开采上存在技术落后,产能不足的问题,因此中国企业可以借此机会参与新油气田的勘探开发及旧油井的技术改造,提高印尼油气产量,促进印尼经济发展,同时扩大油气贸易,提高两国能源保障水平。印尼与中国在能源技术、管理和资源等方面具有较强的互补性,印尼石油资源丰富但勘探开发程度一直较低,为尽可能保证政府石油收入,政府会重视 EOR 采油,而这正是中国石油公司擅长的。中国的石油公司依靠先进的技术、精细的管理、精良的设备和良好的信用获得印尼石油工程市场的认可,逐步在印尼的石油勘探、油井的施工与维护等方面打下了坚实的基础,也可获得印尼方面的信任。以此为基础,中国企业要争取更多的作业合同,发挥自己的技术优势,互利合作。

（三）优先考虑投资印尼东部地区油气开发

印尼东西部发展很不平衡,长期处于东贫西富的状态,印尼政府正积极鼓励到勘探程度较低的东部地区及西部困难地区进行勘探,缩小地区差距作为长期发展战略。从 2000 年开始印尼在全国范围内划出了 13 个综合经济开发区,其中 12 个分布在东部地区,给予优惠政策并支持其重点发展。印尼西部地区勘探程度已经较高,找到重大发现的机会较小,而东部地区幅员辽阔、资源丰富、发展潜力巨大,但东部地区的风险较大,基础资料不全,费用较高。在优惠政策的鼓励下,近年来在这些区签订了许多产量分成合同并做了不少勘探工作,取得了不少油气新发现,对吸引外国公司到东部地区投资勘探非常有利,中国石油企业投资东部既可获得政策的优惠又可获得良好的投资回报。

（四）在能源投资方面,可大力发展天然气项目

印尼是典型依赖资源的国家,尤其是石油天然气资源,

印尼政府非常重视石油天然气的开发,但随着石油资源的日益减少,石油产量开始走下坡路,只能靠加大天然气开发来弥补。印尼政府正急切寻找吸引外国投资的办法,这对中国石油公司来说无疑是个很好的机会。由于印尼长期以来一直是世界上最大的液化天然气出口国,其天然气开发成本低廉,对中国的运输距离较短,相对于其他国家的天然气而言具有价格竞争力,所以中国石油公司应把握机遇加大天然气项目的合作。印尼新时期所实施的能源政策,从长远看来是具有发展前景的,然而印尼国内却面临资金不足、技术落后、经验不足的困境。中国企业可以利用自身充足的工业资金,与印尼加强投资方面的合作,中国资金的支持将会推动印尼新时期的能源建设及矿产开发,改善印尼能源矿业基础设施的状况,从而实现互利共赢。

(五)选择合适的投资伙伴,实现员工管理当地化

在印尼投资,选择合作伙伴是非常重要的策略。印尼投资法规对外国投资企业产权作了明文规定,外国投资必须以合资企业的形式与印尼合伙人组成公司实体。投资者只有选择了可靠、有信誉、有经济实力、有经营能力和在当地有影响力的合作伙伴,才能高效、顺利地开展工作。例如,选择与官商有良好关系的印尼华侨担任合资对象,对招募员工或与各地方、中央机关打交道都会顺利很多,也可以减少不必要的开支。印尼法律规定除了印尼国民难以胜任的管理职位和专业职位,必须雇佣其劳动力;对国内制造产品及国内可提供的各种服务及设施都要优先考虑。这些规定实际上都是要求企业尽快在管理上实现当地化,培养并选拔当地干部,了解当地人工作习惯,培养出良好的工作氛围以提高工作效率,因此在印尼投资的企业要注意在人才选用上合理搭配使用当地人。

二 中印(尼)矿产合作

印尼是一个本地化要求非常高的国家,政府对矿业投资活

动干预较多，希望更多的本土化因素参与矿产资源的开采，以带动本国经济的发展。但是印尼的经济发展水平、科技水平和工作效率又不能完全满足和支撑矿业投资的需要，正常合法的商业投资活动可能也会遇到各种阻碍，印尼87%的人信仰伊斯兰教，很多矿区所在地的开放程度非常有限，所有这些都给外国投资者在印尼进行矿业投资带来了很大的挑战，很多投资项目并不能如期按照计划实施。特别是对于追求工程项目进度的投资者来说，在印尼进行矿业投资需要足够的细致和耐心，要对印尼当地的法律制度和投资环境有非常清楚的了解，对矿区周围的环境和风土人情也要进行深度的调研。

（一）注意应对印尼禁止原矿出口政策带来的不利影响，尽早在当地建立矿产加工厂或冶炼厂

印尼禁止原矿出口政策对中国从印尼进口镍、铝等原矿将造成较大影响。印尼镍矿和铝土矿储量居东盟国家首位，也是中国镍矿和铝土矿的主要供应国，全面禁止原矿出口政策的实施必定会导致印尼的镍矿和铝土矿出口量下降，进而给中国镍、铝的产量造成巨大影响。印尼一直是中国铝土矿和镍矿的最大进口来源国，2011年中国进口的80%铝土矿和53%镍矿均来自印尼。2012年5月印尼政府出台了限制原矿出口和征收原矿出口税的政策，直接导致中国从印尼进口原矿量锐减。2012年6月中国进口铝土矿仅102万吨，为当年5月进口量（627万吨）的16.3%，为2009年4月以来最少月进口量。其中，从印尼进口18.7万吨，仅为当年5月从印尼进口量（556万吨）的3.4%。2012年6月中国进口镍矿577万吨，较当年5月进口量（655万吨）下降12%。其中，从印尼进口201万吨，约为当年5月从印尼进口量（405万吨）的一半。根据中国海关的数据。2012年12月中国进口的铝土矿353.94万吨，同比降低21.81%，其中自印尼进口225.19万吨，同比降低38.5%。2012年中国进口的铝土矿总量为3961.1万吨，同比降低

11.28%，其中自印尼进口2790.1万吨，同比降低21.4%。受印尼限制原矿出口政策的影响，中国增加了从其他铝土矿出口国的进口量，进口来源地呈现多样化趋势。2012年5月印尼原矿出口限令颁布后，中国增加了从斐济、牙买加、巴西和几内亚等国的铝土矿进口。

有条件的企业可选择资源和基础条件较好的地区投资建设原矿加工和冶炼厂或矿业工业区。工业区可采用"一区多园"的方式，即一个工业区多个产业园，根据印尼的资源分布和基础设施状况，在相关地区兴建多个矿业加工园区。例如，苏拉威西岛镍矿比较丰富，未来可以在此建立以镍矿加工为主的工业园；而加里曼丹的铝土矿相对较多，在这里适合建立以铝土加工为主的工业园。中国企业间可以采取相互合作、抱团取暖的方式，既节省了成本，也降低了风险。最好与当地资质条件较好的企业合资建厂，以得到更多的优惠政策。印尼有丰富的铝土矿资源，中国企业对氧化铝需求巨大，在印尼投资建厂生产氧化铝，既符合印尼法律有关原矿须在国内加工冶炼后方可出口的规定，也可满足中国国内市场需求，是互利共赢的选择。此外，印尼政府非常重视来自中国的投资，专门设立了中国事务部，负责协调中国企业赴印尼投资的有关事宜。印尼投资部的相关官员表示，针对所有中国企业投资印尼，投资部有专门窗口提供一条龙服务，办理所有手续，该窗口配备有中文沟通能力的工作人员，为中国企业提供便利。

（二）在印尼投资的矿山项目成本大增，需要开辟新的原矿进口源

近年来中国有不少企业在印尼投资矿山开发。禁止原矿出口政策出台后，企业在投资矿山开发的同时必须建设相应的加工厂或冶炼厂。在印尼建设冶炼厂较为困难。矿区一般都在偏远地区，电力、道路、港口、废物处理等基础设施匮乏。特别是，每个冶炼厂需要专门改装的电厂供电，要满足

发电能力100兆瓦以上、适应电压忽高忽低等运行条件，这样的冶炼电厂在爪哇岛以外的地区至少需1600万美元投资。印尼的矿山冶炼加工能力严重不足，许多小一些的矿业企业一时也缺少独立投资建设冶炼厂的能力，而在政府的新政策实施之后，冶炼厂及其他加工厂将有巨大的市场，有条件的企业可以选择时机投资矿山下游项目。几家主要矿业公司，如印尼最大镍矿公司——淡水河谷（Inco）印尼公司、国有矿业企业Antam宣布将建设冶炼厂，禁止原矿出口政策也可以成为一个机遇。从新规定内容也可以看出，虽然经过选矿或粗加工的精矿石将可以继续出口至2017年1月，但出口税逐年大幅度增加，到2016年最高将增加到60%。如此高的税收将使进口商无利可图。

目前，中国的经济迅速发展，各类能源矿产的需求量短期内依旧处于很高的水平。一直以来，印尼都是作为中国重要的矿产贸易伙伴，中国的矿产进口中很大一部分来自印尼。因此印尼矿产政策的调整给中国带来最大的挑战莫过于从印尼进口矿产的减少，因此从长远角度考虑，中国相关企业应开始改变运营模式，以减少对印尼矿石的依赖，尽量开辟新的原矿进口源，使矿石进口来源地多样化。就总体而言，中国从印尼的进出口矿产主要集中在煤炭、铝土矿等。在此情况下，中国应该拓宽矿产渠道，扩大在其他国家的矿产进口。例如铝土矿方面可增加从马来西亚、澳大利亚、印度、圭亚那、斐济、牙买加、巴西和几内亚等国的进口，中国可以同这些国家加强矿产方面的合作，消除中国矿产受印尼矿产品出口减少所遭受的影响以减少对印尼的依赖。

第三章 制造业合作

第一节 印尼制造业发展状况

一 制造业概况

亚洲金融危机期间，印尼一直在努力恢复增长动力。从2000年到2005年，印尼平均增长率仅为4.5%，远低于危机前的平均水平（从1990年到1996年的平均水平为7.3%），不同行业的业绩表现不尽相同，但制造业的减速更为明显，2000年以来的产量仅在危机前的一半以上增长。① 印尼还受到其他亚洲经济体的冲击，许多企业还有外债，使得他们陷入困境。亚洲经济危机之后，印尼制造业的竞争环境发生了很大的变化，印尼制造业的增长大幅放缓，虽然1996年的制造业增长率接近12%，但1997年减至5.3%，1998年减少了11.4%。尽管1999年制造业增长率回升至3.9%，2000年回落至6%，但从2001年到2003年，增速回落。2004年随着经济的快速增长，制造业增长率回升至6.4%；但是由于燃料价格和利率的急剧上升，2005年GDP和制造业的增长再次下降。在一定程度上，2000年以后制造业增长乏力，是由于石油天然气行业，特别是炼油厂

---

① Aswicahyono, H., H. Hill and D. Narjoko: "Industrialisation After a Deep Economic Crisis: Indonesia", *Journal of Development Studies*, Vol. 46, No. 6, 2010, pp. 1084 – 1108.

的产量下降。①

　　苏希洛执政期间，提出印尼 2025 年成为工业强国，其中制造业成为经济发展中的支撑产业计划。数据显示，2010—2015年印尼制造业在第二产业的比重已经占到了 50% 左右，成为拉动第二产业发展的主导产业，呈平稳发展态势。从制造业产值对国内生产总值的贡献说明印尼已属于半工业化国家。2010—2014 年为后苏哈托工业化阶段，也为苏希洛政府中期发展计划时期，印尼经济政策的重点是推动制造业的复苏和竞争力的提升，提出增加工业的附加值，扩大工业产品的国内和国际市场，提高与工业相关的服务质量，促进工业技术的提升，优化工业结构，加强爪哇岛外地区的工业发展等，但是政府对制造业的引导力度差强人意，印尼工业生产部门主要集中在以石油加工业为代表的资本密集型产业和以农产品、橡胶、纺织为代表的劳动密集型产品。结构传统而单一，技术密集型的工业仅有现代制药工业和微电子信息产品制造业两个部门，印尼向知识密集型产业转型任重而道远。②

　　佐科在竞选时和获胜后多次提出将实施"海上高速公路"战略，认为发展港口和海洋运输是推动印尼经济发展的关键因素。推进"海上高速公路"建设，不仅可以更广泛地开发能源和自然资源，使之成为经济发展的主要引擎，同时还能带动其他领域建设，发展附属加工业。"海上高速公路"战略得到了包括反对党联盟在内的印尼各界的大力支持。2014 年 11 月 10 日，佐科总统在 APEC 北京峰会上发表了关于推动"海上高速公路"建设的主旨演讲表示，印尼建设海洋强国理念和中国提出的建

---

① Thee Kian Wie: "Policies Affecting Indonesia's Industrial Technology Development", *ASEAN Economic Bulletin*, Vol. 23, No. 3, 2006, pp. 341 – 359.
② 吉香伊：《印度尼西亚工业化的进程和发展策略》，《东南亚纵横》2017 年第 3 期。

设21世纪海上丝绸之路倡议高度契合,两国要以海上和基础设施建设等领域为重点,带动整体合作。在参会期间,佐科总统专程前往天津对港口建设进行了实地考察。他称天津港对印尼今后的港口建设有重要的借鉴意义,今后5年印尼将投资总额为70万亿盾(约合58亿美元)的建设工程,在印尼建设24个港口。首期将扩建北苏门答腊、雅加达、东爪哇、南苏拉威西和巴布亚等主要岛屿的5个大型枢纽港,解决船只滞港问题,减少对外国游轮和游艇的进港限制,提高物流效率,降低货运成本,发展工业园区,促进印尼国内和对外贸易发展。

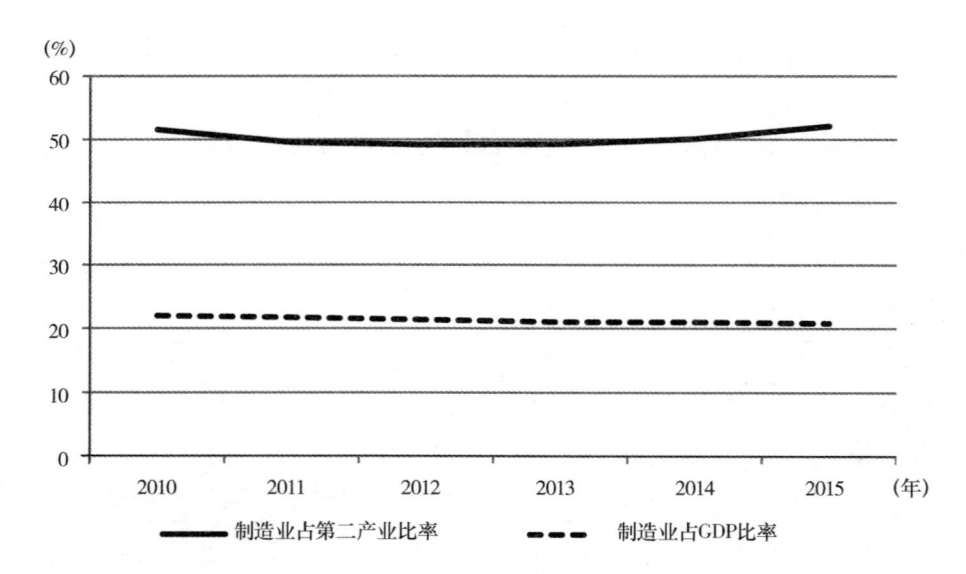

图 3-1 印尼制造业占第二产业、国内总产值比率(2010—2015 年)
资料来源:CEIC 数据库。

表 3-1 印尼制造业产业增加值(2010—2015 年) 单位:十亿印尼盾

	2010 年	2011 年	2012 年	2013 年	2014 年	2015 年
制造业	1512760.8	1704250.5	1848150.9	2007426.8	2219441.4	2405408.9
煤炭、油气冶炼	233822.2	284098.7	298402.9	314215.5	329058	307703.8
食品饮料	360443.1	410387.4	457773.4	491142.4	562016.6	647002.2

续表

	2010年	2011年	2012年	2013年	2014年	2015年
烟草加工	67249.4	71735.4	79340	82684.3	95668.1	108859.6
纺织品、制衣	96306.9	108192.1	116557.8	129912	139031.6	139393.9
皮革、制鞋	19697.2	22045	21686.7	24810	28600.2	31444.8
木制品	56775.1	59501	60628.6	66958	76071.9	77821.2
纸张印刷	67984.8	75308	73664.8	74319	84372.5	87800.6
化学制药	114332.4	124716.9	143460.2	157042.1	180037.2	209288.1
橡胶塑料制品	66763	72006	76425	76466.3	80262.9	85961.9
非金属品	50948.3	55606.4	63028.2	69400.6	76852	83491.6
基础金属品	54471.5	62846.1	64557.3	74495.1	82118.8	90389.4
电子、光学	130750.5	142059.4	162969.7	186194.9	198080.6	226661.9
机械设备	23767.2	23376.4	24832.1	25504.2	33078.8	37255.3
交通设备	134260.2	154863.9	166390.7	192768	207401.4	220360.3
家具	20069.3	21984.5	22486.5	24930.6	28117.7	31280.9
其他	15119.7	15523.3	15947	16583.8	18673.1	20693.4

资料来源：CEIC数据库。

印尼作为新型工业化国家，制造业已经成为其支柱产业，今后要提升工业化的质量，引导工业化由初级产品加工（处于价值链的低端），上升至技术密集型工业生产，努力振兴经济。但是随着廉价劳动力优势消失，印尼经济增长模式缺少技术创新，大量的实证分析表明技术进步会使经济增长持续下去，但是印尼的技术进步对经济的贡献较小，如何使技术创新与产业适时地衔接是经济发展的关键。佐科总统强调，实施"海上高速公路"战略，是要以海洋为轴心发展海洋经济。他承诺将出台一系列举措筹集海洋基础建设资金、推动造船工业发展，鼓励地方和企业发展海运，并在国内加快渔业政策的修订。首先，印尼政府将努力增加税收，降低国内燃油补贴支出。佐科总统已经表示，将突破重重阻力推行燃油补贴改革，将节省的补贴财政资金用于包括海洋基础建设等生产性部门。其次，印尼将与中国、非洲和美国的投资者合作建设港口，鼓励外国投资者参加港口等基础设施建设。为鼓励造船业发展，印尼海洋事务协调部、工业部、财政部协商一致，将出台一系列财政及非财政鼓励政策，包括取消和降低造船零件的进口关税和增值税、降低造船企业生产环节增值税、简化造船企业租赁国有土地程序、推荐船舶设计、推广巴淡岛造船经验等。

印尼2017年国家收支预算修正案的全年经济增长率目标被调低为5.2%，国际货币基金组织（IMF）和世界银行2017年同样对印尼调低了经济增长预期至5.2%，然而印尼经济统筹部部长达尔敏表示印尼今年经济增长率应能更高，甚至能接近或达到5.4%的水平。[1] 2017年4月印尼国家计划发展部部长庞邦表示，[2] 为实现印尼政府设定的经济增长目标，即2018年经济增长率为5.6%—6.1%，印尼着重促进制造业、农业和旅游业三个领域的发展，印尼的出口必须从依赖天然资源转变工业品出口，所有原矿石或原材料必须经过加工增值才能出口，以此提高套汇收入，这是着重制造业发展的原因。注重农业的发展，主要是因为可以改善农民的生活，同时也可以巩固粮食防御系统。旅游业则能带动多个方面的经济建设和发展，而且可以增加外汇。

大多数印尼民众对佐科政府三年来的政绩表示满意，虽然很多政府计划没能立竿见影、马上看到成效，但是佐科政府不

---

[1] 驻印尼经商参处：《印尼经济统筹部长自信今年经济增长可达5.4%》，http://id.mofcom.gov.cn/article/jjxs/201711/20171102664281.shtml，2017年11月2日。

[2] 驻印尼经商参处：《印尼为在2018年实现经济增长5.6%—6.1%，将注重发展制造业、农业和旅游业三大领域》，http://id.mofcom.gov.cn/article/dzhz/201704/20170402556644.shtml，2017年4月12日。

遗余力推动社会经济稳健增长的效果日益显现。印尼政府大力推动基础设施发展,如全国性的高速公路,水坝和港口建设都让多数国民受益,对提振印尼经济都起了巨大推动作用,因为交通基建涉及物流运输效率和人民日常生活便利,使人民受益。此外,政府还设法保持国内粮食价格的稳定,国内大米产量也不断增加,基本上实现全国大米自给自足的目标。近三年来通货膨胀率均维持在4%左右的水平,此前自1998年金融危机以来,印尼通胀率都处在两位数的高通胀率。贫富悬殊不断缩小,贫困人口明显下降,失业率逐渐改善。[1]

二 贸易

(一)印尼货物贸易概况

据印尼中央统计局统计,2016年印尼货物进出口额为2801.4亿美元,比上年同期(下同)下降4.4%;其中出口1444.9亿美元,下降3.9%;进口1356.5亿美元,下降4.9%;贸易顺差88.4亿美元,而增长14.8%。2017年第一季度,印尼货物进出口额为773亿美元,比上年同期(下同)增长17.9%,其中出口406.9亿美元,增长21.1%;进口366.1亿美元,增长14.6%;贸易顺差40.9亿美元,增长146.5%。印尼出口结构呈多元化发展趋势,主要出口商品有矿物燃料、动植物油、机电产品、贵金属及制品、运输设备等。2016年,印尼上述五大类商品的出口总额为664.9亿美元,合占出口贸易总额的46%;其他主要出口商品还有矿砂、橡胶及制品、纸张、纺织品、鞋类制品和木制品等。机械设备、矿物燃料、机电产品、塑料制品、钢材是印尼进口的五大类商品。2016年这五类商品的进口额分别为

---

[1] 驻印尼经商参处:《佐科政府执政3年业绩良好》,http://id.mofcom.gov.cn/article/jjxs/201711/20171102664257.shtml,2017年11月2日。

210.7亿美元、192.5亿美元、154.3亿美元、70.0亿美元和61.8亿美元，合占进口总额的50.8%。同期，印尼进口的上述五大类商品额除塑料及制品仍保持增长（增幅为2.5%）外，均出现程度不同下降，按进口金额顺序排列依次为，矿物燃料为－5.8%、机械设备为－23.2%、机电产品为－1.3%、钢材为－2.2%。印尼其他主要进口商品还有有机化学品、运输设备、航天器、钢铁、粮食、肥料、橡胶制品、棉花和无机化学品等。

表3-2　　印尼主要出口商品构成（类）（2015—2016年）

海关分类	HS编码	商品类别	2016年（百万美元）	2015年（百万美元）	同比（%）	占比（%）
	章	总值	144490	150393	-3.9	100
第5类	25—27	矿产品	31603	38226	-17.3	21.9
第3类	15	动植物油脂	18232	18654	-2.3	12.6
第16类	84—85	机电产品	13599	13778	-1.3	9.4
第11类	50—63	纺织品及原料	11832	12283	-3.7	8.2
第6类	28—38	化工产品	11185	10164	10	7.7
第7类	39—40	塑料、橡胶	7915	8165	-3.1	5.5
第15类	72—83	贱金属及制品	7457	7587	-1.7	5.2
第17类	86—89	运输设备	6576	5968	10.2	4.6
第14类	71	贵金属及制品	6369	5495	15.9	4.4
第4类	16—24	食品、饮料、烟草	6175	6002	2.9	4.3
第12类	64—67	鞋靴、伞等轻工产品	5068	4890	3.6	3.5
第10类	47—49	纤维素浆；纸张	5007	5330	-6.1	3.5
第9类	44—46	木及制品	3936	4078	-3.5	2.7
第2类	4—14	植物产品	3246	3685	-11.9	2.3
第1类	01—05	活动物；动物产品	3226	2904	11.1	2.2
		其他	3063	3186	-3.9	2.1

资料来源：中华人民共和国商务部网站。

2018年1—7月，印尼贸易逆差达30.8亿美元，增加了经常账户赤字，而且第二季度经常账户赤字已达到国内生产总值

（GDP）的3%。2018年8月，为了降低经常账户赤字，提高外汇储备额，稳定印尼盾币值，印尼政府施行了一系列措施，如"B20"措施，即规定全国各地使用的燃油，必须混合20%的生物柴油（经过加工的棕榈油），这项措施将于2018年9月1日开始生效。印尼政府还实施限制进口500种商品，此外考虑替代进口原材料的措施以及责成国家石油公司和国家电力公司在今后六个月内停止进口资本货物。① 印尼财政部表示，印尼政府还对900种进口的消费品、原材料和资本货物进行评估，可能不再允许这些商品进入印尼市场，因为国内生产者已经能够生产这些商品。所有这一切，最终的目的是把经常项目赤字控制在3%以下。对上述900种进口的消费品、原材料和资本货物征税的比率各有不同，最低的是2.5%，有的是7.5%，最高的是10%。②

2019年1月，印尼政府表示，2018年前11个月的印尼出口总额仅为1658.1亿美元，进口总额高达1733.2亿美元，贸易逆差达75.1亿美元。2018年1—11月，印尼的出口商品还是以制造业产品为主，出口总额约达1198.5亿美元或占印尼出口总额的72.28%。还有其他的商品如木制品、渔产品和园艺品等还未充分挖掘出口潜力。木材、木制品和园艺产品将成为印尼出口的主要商品，这些商品在短期内成为印尼加快出口，减少贸易逆差的解决方案。③ 印尼政府将2019年度出口指标设定为1759亿美

---

① 驻印尼经商参处：《印尼贸易部长称禁止500种商品进口不违反贸易协定》，http：//id. mofcom. gov. cn/article/jjxs/201808/20180802780030. shtml，2018年8月28日。

② 驻印尼经商参处：《印尼禁止进口商品或增至900种》，http：//id. mofcom. gov. cn/article/sbmy/201808/20180802780029. shtml，2018年8月28日。

③ 驻印尼经商参处：《印尼政府要尽快减少贸易赤字》，http：//id. mofcom. gov. cn/article/jjxs/201901/20190102828180. shtml，2019年1月18日。

元，较 2018 年增长 7.5%。印尼 2019 年最主要的出口商品是煤炭和其他矿产品，接着是钢铁和铁矿产品、机动车辆及其部件、化工产品、纸浆、塑料产品、成衣和木制品等。当前全球经济增长平均约达 3.7%，其中中国作为印尼最大贸易伙伴的经济增长率为 6.2%，日本为 0.9%，美国为 2.5%；全球市场贸易方面的增长预期是 4%，其中发展中国家的贸易增长率为 4.8%；这是印尼贸易部设定目标的依据。印尼商品对中国、美国、日本以及其他东亚国家和东盟国家等的出口额也有一定程度的增长。另外，印尼也与经贸伙伴商讨签订 12 项新的贸易协定，包括印尼—赞比亚特惠贸易协定、印尼—突尼斯特惠贸易协定、东盟贸易服务协议（ATISA）、印尼—日本全面经济伙伴关系第一项修正议定书、加强印尼—日本经济伙伴合作协议（IJEPA）、印尼—澳大利亚全面经济伙伴关系协议、印尼—伊朗特惠贸易协定、印尼—摩洛哥特惠贸易协定、印尼—土耳其全面经济伙伴关系协议、印尼—韩国全面经济伙伴关系协议、印尼—欧盟全面经济伙伴关系协议和区域全面经济伙伴关系协定。①

表 3-3　　印尼主要进口商品构成（类）（2015—2016 年）

海关分类	HS 编码章	商品类别	2016 年（百万美元）	2015 年（百万美元）	同比（%）	占比（%）
		总值	135653	142695	-4.9	100
第 16 类	84—85	机电产品	36502	37895	-3.7	26.9
第 5 类	25—27	矿产品	20391	26528	-23.1	15
第 6 类	28—38	化工产品	15819	16669	-5.1	11.7
第 15 类	72—83	贱金属及制品	13329	14394	-7.4	9.8
第 7 类	39—40	塑料、橡胶	8703	8517	2.2	6.4

---

① 驻印尼经商参处：《印尼贸易部设定 2019 年出口指标为 1759 亿美元》，http://id.mofcom.gov.cn/article/sbmy/201901/20190102828736.shtml，2019 年 1 月 21 日。

续表

海关分类	HS编码	商品类别	2016年（百万美元）	2015年（百万美元）	同比（%）	占比（%）
第11类	50—63	纺织品及原料	8160	7976	2.3	6
第17类	86—89	运输设备	7212	7426	-2.9	5.3
第4类	16—24	食品、饮料、烟草	7064	6278	12.5	5.2
第2类	06—14	植物产品	6643	6306	5.3	4.9
第10类	47—49	纤维素浆；纸张	2764	2691	2.7	2
第18类	90—92	光学、钟表、医疗设备	2567	2139	20	1.9
第1类	01—05	活动物；动物产品	2354	1999	17.8	1.7
第20类	94—96	家具、玩具、杂项制品	1396	1240	12.6	1
第13类	68—70	陶瓷；玻璃	1014	989	2.5	0.8
第14类	71	贵金属及制品	895	765	16.9	0.7
		其他	840	882	-4.8	0.6

资料来源：中华人民共和国商务部网站。

（二）近期中印（尼）双边贸易概况

据印尼统计局公布的数据显示，2016年，印尼对中国双边货物贸易额为475.9亿美元，增长7.0%。其中，印尼对中国出口167.9亿美元，增长11.6%，占印尼出口总额的11.6%，增长1.1个百分点；印尼自中国进口308.0亿美元，增长4.7%，占印尼进口总额的22.7%，增长2.1个百分点。印尼对中国的贸易逆差为140.1亿美元，下降2.4%。2017年第一季度，印尼与中国双边货物进出口总额为129.5亿美元，其中，印尼对中国出口51.7亿美元，增长54.5%，占其出口总额的12.7%；印尼自中国进口77.8亿美元，增长8.7%，占其进口总额的21.3%。印尼方贸易逆差26.1亿美元，下降31.5%。2016年印尼对中国出口最多的商品为矿物燃料、动植物油、木浆等纤维状纤维素浆、钢铁及制品、木材及木制品；上述五大类商品的出口额依次为54.0亿美元、27.4亿美元、9.7亿美元、9.3亿美元和8.3亿美元，合占对中国出口总额的64.7%。

其他对华出口商品还有矿砂、橡胶及其制品、机电产品、塑料制品、杂项化学产品、铜及制品、有机化学品、可可及制品、棉花、水产品等。印尼自中国进口的商品品类繁多，主要有机械设备、机电产品、钢材、塑料制品、有机化学品。2016年，印尼进口的上述五类商品合计180.5亿美元，占印尼自中国进口总额的58.6%。除上述产品外，印尼自中国进口的主要商品还有金属及制品、肥料、干鲜水果、无机化学品、化学纤维长丝、鞋类制品、肥料、铝制品、音响器材制品等。截至2016年12月底，印尼对中国的商品出口已超过美国和日本，使中国不仅成为印尼第一大出口市场，也是其第一大商品进口来源地。在印尼的十大类进口商品中，中国出口的机电产品、金属制品、纺织品、家具和瓷器处于较明显的优势地位；但中国出口的化工品、塑料制品、光学仪器和运输设备等仍面临着来自欧洲、美国、日本等发达国家的竞争。

目前与中国贸易的不平衡状况已成为印尼政府的关注点之一，印尼政府在努力扭转该局面。印尼贸易部官员称，正在研究缩小与中国贸易逆差的办法，2016年该数额高达140亿美元。印尼政府代表和企业积极参加在中国举办的贸易博览会，通过多种方式开拓中国市场，包括派遣更多贸易代表团介绍印尼产品等。印尼企业认为挖掘印尼对中国的出口潜力还要对中国扩大出口天然棕榈油，因为中国需要大量该种产品，但目前其主要从马来西亚进口；此外煤炭也是印尼拥有较大出口增长空间的产品之一。[①] 2018年12月，在雅加达举行的第二届中国国际进口博览会（简称进博会）印尼推介会上，印尼工商界人士表示，中印（尼）两国贸易潜力巨大，还有很大的增长空间，特别是印尼对华出口还

---

① 驻印尼经商参处：《印尼政府努力缩小对华贸易逆差》，http://id.mofcom.gov.cn/article/sbmy/201709/20170902650662.shtml，2017年9月15日。

会持续快速增长。进博会是一个十分有效的平台,希望借由该平台扩大对华出口,让更多印尼产品、印尼品牌走进中国市场。据最新统计数据显示,2018年1—10月,中印(尼)双边贸易额已达637亿美元,超过去年的633亿美元。中印(尼)贸易虽然增长较快,但在对华出口方面,印尼还远远落后于马来西亚、泰国、越南、新加坡等国家。① 但印尼业界也担心,在2019年,如果中国的购买力和经济增长持续放缓,印尼的出口会受到威胁。由于中国市场对全球商品的需求已出现减少,进入中国市场的竞争将会更加激烈。如果印尼对中国的出口没有提高效率,中国对印尼商品的市场需求就会受到威胁。此外,中国消费者也在改变其消费方式,他们对进口货质量的要求会越来越高,印尼企业需要更加注重中国消费者的需求。②

三 投资

与其他发展中国家一样,印尼是先进工业国家先进技术的净进口国,这些先进技术对于提高一个国家的技术能力,使其更有效和更有竞争力地生产至关重要。对印尼制造业国际技术转让的研究表明外国直接投资(FDI)、技术许可协议、外国供应商企业的资本货物进口和技术转让以及作为出口导向型企业的外国买家的技术和营销援助一直是国际技术转移到印尼的主要渠道。印尼从20世纪90年代初到1996年经历了相当大的净FDI流入量,在亚洲经济危机之后,它经历了直到2003年的外国直接投资流出。印尼在危机前的年平均外国直接投资流入量

---

① 驻印尼经商参处:《印尼冀通过"进博会"扩大对华出口》,http://id.mofcom.gov.cn/article/sbmy/201812/20181202817588.shtml,2018年12月17日。

② 驻印尼经商参处:《业界称中国经济增长放缓会造成印尼出口减少》,http://id.mofcom.gov.cn/article/sbmy/201901/20190102828178.shtml,2019年1月18日。

达到 27 亿美元，但危机之后 5 年内平均净流出量达到 14 亿美元。即使印尼在 2004 年经历的正净外国直接投资流入，也远远低于 20 世纪 80 年代末到 1996 年为止的大量净外国直接投资流入量。这个净外国直接投资流入也是由于印尼银行把国有企业出售给外国投资者以及银行重组，特别是向外国投资者出售受困银行。亚洲经济危机之后，外国投资者没有兴趣进行新的绿地投资，这归因于印尼投资环境不佳，造成投资环境恶劣的原因很多，其中包括缺乏法律确定性和执法力度，2003 年颁布的《劳动法》，2001 年初实行的区域自治造成的中央与地方政府之间的重叠权力混淆，广泛的腐败提高了在印尼的经营成本等。印尼政府开始调整经济发展和工业发展战略，加大投资和消费对经济增长的驱动作用，使经济增长过去主要由出口带动转变为由投资、消费和出口共同驱动的增长模式。

（一）近期印尼投资情况概述

虽然印尼政府正试图吸引更多的投资者到印尼，但印尼经济统筹部的官员表示，政府未能说服投资者落实投资承诺。2007 年以来，来自国内投资者的投资承诺落实比例只有 31%，而外商投资承诺落实比例仅 27%，未落实的投资承诺价值约 500 亿美元，涉及 190 个项目。2017 年 8 月印尼央行副行长米尔萨称，印尼银行业资金仅占国内生产总值的 35%，无法满足国内市场资金需求，仍然需要从国外引进大量的资金用于国内经济建设。① 投资者面临各种问题，包括复杂的许可证程序和办事环节、各种不确定因素以及征地等土地问题。② 2017 年 10 月 23

---

① 驻印尼经商参处：《印尼央行副行长：印尼仍需要大量外资》，http://id.mofcom.gov.cn/article/sxtz/201708/20170802623055.shtml，2017 年 8 月 8 日。

② 驻印尼经商参处：《印尼投资承诺落实率仅约 30%》，http://id.mofcom.gov.cn/article/sxtz/201710/20171002654307.shtml，2017 年 10 月 9 日。

日印尼总统佐科出席第三届全国交流论坛时表示，印尼规章制度太多，包括国家法令、政府条例、总统决定书、部长决定书、省长决定书及市县长规定等大约42000项条例，这么多的条例导致印尼不能尽快紧跟全球市场的急速变化。2016年，印尼政府已撤销了3153项地方条例，总统佐科希望地方不要再制订过多条例，除非是有质量的条例。同时国会方面制定的条例必须是有用处的。① 印尼政府已经加大力度持续改善印尼投资环境，尽量简化办理投资申请程序，指示投资统筹机构建立一站式服务，简化外国投资者许可证审批程序，与此同时，佐科威政府也指令地方政府必须废除或撤销不利于外国投资者的繁琐的地方政府条规。据印尼雅加达环球网2017年8月1日报道称，在过去的18个月中，受更廉价的劳动力及宽松营商环境的驱动，六家年度出口额共达3亿美元的外国家具企业搬离印尼，迁至越南。与印尼相比，越南除了更廉价的劳工工资，越南政府也对外国投资给予了更多支持。②

2016年12月佐科在出席"百名印尼经济学家研讨会"时称，今后会吸引投资到实行进口替代战略的产业，指示政府经济团队，尤其是印尼投资协调委员会（BKPM），将2017年的吸引外国投资的目标定在760兆盾（约合5846亿美元），同时2018年将争取实现840兆盾的吸引外资目标，希望投资能占到国民生产总值的45%，以推动经济发展。③ 佐科认为，尽可能多地吸引

---

① 驻印尼经商参处：《印尼4.2万个条例不利参与全球竞争》，http：// id. mofcom. gov. cn/article/jjxs/201711/20171102664218. shtml，2017年11月2日。

② 驻印尼经商参处：《受劳动力及营商环境影响，部分外国家具企业从印尼迁至越南》，http：//id. mofcom. gov. cn/article/sxtz/201708/20170802619134. shtml，2017年8月1日。

③ 驻印尼经商参处：《印尼总统呼吁外商投资实施进口替代战略的产业》，http：//id. mofcom. gov. cn/article/sxtz/201612/20161202107109. shtml，2016年12月8日。

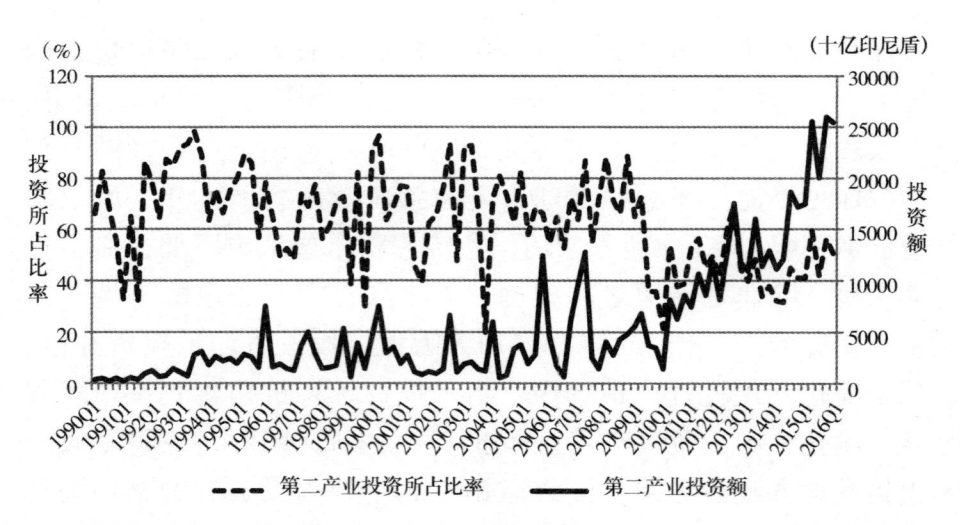

图 3-2　印尼第二产业国内投资及其所占比率（1990Q1—2016Q1）
资料来源：CEIC 数据库。

投资对印尼的经济发展非常重要，为了吸引投资者，印尼政府已经推出了一系列经济改革措施。印尼政府于 2017 年 8 月 17 日国庆日后公布第 16 轮经济配套政策，着重于改善投资环境和简化外资审批程序，加强监督和促进外资投资方案。在新一轮的经济配套中，政府相关部门成立专案工作小组，负责监督执行任务。[①] 印尼投资协调委员会主席托马斯称，由于投资环境持续改善，如今印尼已成为全球仅次于美国、中国和印度之后的第四大投资地；印尼在投资落实方面每年取得显著的发展，2016 年投资落实金额约为 613 万亿盾，2017 年投资落实指标是 678.8 万亿盾，2017 年上半年已落实 336.7 万亿盾，同比增长 12.9%[②]。

---

① 驻印尼经商参处：《印尼加大力度改善投资环境和简化审批程序》，http://id.mofcom.gov.cn/article/sxtz/201708/20170802627028.shtml，2017 年 8 月 15 日。

② 驻印尼经商参处：《佐科执政三年投资落实大幅上升》，http://id.mofcom.gov.cn/article/sxtz/201711/20171102664261.shtml，2017 年 11 月 2 日。

表3-4　　印尼制造业分行业外商直接投资及其所占比率

（2000—2015年）

	2000年	2005年	2010年	2011年	2012年	2013年	2014年	2015年
外商直接投资额（亿美元）								
总计	112.13	89.36	162.15	194.75	245.65	286.18	285.30	292.76
第二产业	47.92	35.20	33.37	67.90	117.70	158.59	130.19	115.56
食品	4.10	6.03	10.26	11.05	17.83	21.18	31.40	15.16
纺织	1.70	0.71	1.55	4.97	4.73	7.51	4.22	4.28
皮革制鞋	0.28	0.48	1.30	2.55	1.59	0.96	2.11	1.62
木制品	1.33	0.75	0.43	0.51	0.76	0.39	0.64	0.47
纸张印刷	3.97	0.10	0.46	2.58	13.07	11.69	7.06	7.07
化学制药	12.76	11.53	7.93	14.67	27.70	31.42	23.23	19.56
橡胶塑料	4.94	3.93	1.04	3.70	6.60	4.72	5.44	6.92
非金属制品	1.10	0.66	0.28	1.37	1.46	8.74	9.17	13.01
金属、机械电子	12.09	5.22	5.90	17.73	24.53	33.27	24.72	30.65
光学	0.11	0.01	0.00	0.42	0.03	0.26	0.07	0.07
机动车	4.66	3.63	3.94	7.70	18.40	37.32	20.61	15.94
所占比率（%）								
第二产业	42.73	39.39	20.58	34.86	47.91	55.42	45.63	39.47
食品	3.66	6.75	6.33	5.67	7.26	7.40	11.00	5.18
纺织	1.52	0.80	0.95	2.55	1.93	2.62	1.48	1.46
皮革制鞋	0.25	0.53	0.80	1.31	0.65	0.34	0.74	0.55
木制品	1.19	0.84	0.27	0.26	0.31	0.14	0.22	0.16
纸张印刷	3.54	0.11	0.29	1.32	5.32	4.08	2.48	2.41
化学制药	11.38	12.90	4.89	7.53	11.28	10.98	8.14	6.68
橡胶塑料	4.41	4.39	0.64	1.90	2.69	1.65	1.91	2.36
非金属制品	0.98	0.74	0.18	0.70	0.59	3.05	3.21	4.44
金属、机械电子	10.79	5.84	3.64	9.10	9.98	11.63	8.66	10.47
光学	0.10	0.01	0.00	0.22	0.01	0.09	0.03	0.02
机动车	4.15	4.06	2.43	3.95	7.49	13.04	7.23	5.44

资料来源：CEIC数据库。

不过，根据经济学人集团旗下咨询机构 ECN 的一项调查，得益于强劲的私人消费及对商业环境改善的预期，印尼成为亚洲最受欢迎投资目的地之一。ECN 公布的名为《在亚洲的风险和回报：2017 年亚洲商业前景调查》的调查报告中，① 针对企业运行情况对 223 名企业亚洲业务主管进行了询问。调查显示，在对投资者的吸引力方面，约有 53.7% 的受访者表示将增加在印尼的投资，该比例仅低于中国（71.6%）和印度（55.7%）。据印尼投资统筹机构（BKPM）发布 2016 年四季度投资报告指出，② 2016 年全年印尼落实投资 612.8 万亿盾，同比增长 12.4%。其中，国内投资（DDI）216.2 万亿盾，同比增长 20.5%；外国投资（FDI）396.6 万亿盾（289.6 亿美元），同比增长 8.4%。按地域分布，爪哇岛落实投资 328.3 万亿盾，占比 53.6%；爪哇岛以外落实投资 284.5 万亿盾，占比 46.4%。2017 年 10 月 31 日，印尼投资统筹机构发布 2017 年第三季度投资报告。③ 报告指出，2017 年 1—9 月，印尼落实投资 513.2 万亿盾，同比增长 13.2%，完成当年投资目标的 75.6%。2017 年 1—9 月国内投资 194.7 万亿盾，同比增长 23.1%；外国投资 318.5 万亿盾（238.9 亿美元），同比增长 7.9%。

印尼投资协调委员会主席托马斯在西苏门答腊省巴东 Grand Inna 酒店出席 2017 年区域投资论坛表示："近 4 年来自中国的直接投资（FDI）持续增长，从位居第 13 位上升为第 3 位。"印

---

① 驻印尼经商参处：《调查显示印尼是亚洲最受欢迎投资目的地之一》，http：//id.mofcom.gov.cn/article/sxtz/201701/20170102504761.shtml，2017 年 1 月 19 日。

② 驻泗水总领馆经商室：《2016 年印尼投资情况概述》，http：//surabaya.mofcom.gov.cn/article/zxhz/tjsj/201702/20170202509028.shtml，2017 年 2 月 3 日。

③ 驻泗水总领馆经商室：《2017 年 1—9 月印尼投资情况概述》，http：//surabaya.mofcom.gov.cn/article/zxhz/tjsj/201711/20171102664243.shtml，2017 年 11 月 2 日。

尼与中国的合作关系不仅是在基础设施建设方面，在旅游业方面也很密切。数据显示当前中国是印尼最大的旅游来源国，2016年赴印尼旅游人数多达140万人次。①

第二节　印尼制造业及其相关政策

一　产业政策

在1997年亚洲金融危机之前的30年里，印尼的制造业快速增长。从1970—1996年，除了2年，工业部门每年至少增长9%。② 然而，1997年爆发亚洲金融危机，印尼是受灾最严重的国家之一，1997年下半年经历了大规模的资本外逃，货币迅速贬值和财务困境，到1998年经济萎缩了近14%，危机最终导致了苏哈托32年政权的结束。苏哈托总统下台后，印尼开始了艰难的政治稳定和经济复苏的历程，印尼的工业化进程受阻，原有的工业发展计划（25年的长远发展规划和第六个五年发展计划）被迫中断。1997年的金融危机使得印尼向IMF求援并接受了IMF的经济自由化改革措施，除了保证宏观经济稳定的紧缩财政和货币政策、宽松外资政策和税收政策外，还包括结构改革内容，通过加速私有化和扩大私人部门参与基础设施建设，促进国内市场的竞争。如出售国有电信公司、水泥公司（PT. Semen Gresik）以及国有种植园、国有矿产、国有港口等股份。③

---

① 驻印尼经商参处：《近4年来中国赴印尼投资剧增》，http://id.mofcom.gov.cn/article/sxtz/201711/20171102664260.shtml，2017年11月2日。

② Julia Tijaja and Mohammad Faisal: "Industrial Policy in Indonesia: A Global Value Chain Perspective", *ADB Economics Working Paper Series*, No. 411, 2014.

③ 林梅：《印度尼西亚工业化进程及其政策演变》，《东南亚纵横》2011年第6期。

(一)"长期国家发展计划"和"中期国家发展计划"

2003年年底印尼终结了IMF的一揽子经济改革方案,梅加瓦蒂政府代之以"后IMF的一揽子经济政策"(Economic Policy Package Post-IMF),经过长达6年由IMF监管的经济自由化政策实施,印尼的宏观经济趋于稳定,国民经济开始走向复苏(期间更换了3位总统,从哈比比到瓦希德再到梅加瓦蒂)。尽管经过6年的经济调整,印尼宏观经济趋于稳定,但印尼国内企业的供应能力并没有像需求那样好转,还未恢复到危机前的水平,2004年10月新任总统苏希洛仍面临恢复经济的重担,为此苏希洛总统就任后,除了推出《团结内阁百日计划》外,还出台了《团结内阁5年建设计划(2004—2009年)》。印尼中长期经济发展也没有明确的计划,工业部决心解决这个问题。2007年工业部推出了2005—2025年的"长期国家发展计划(Rencana Pembangunan Jangka Panjang Nasional,RPJPN)"第27号法令,"长期国家发展计划"把工业部门作为增强经济结构的发展动力,这需要得到农业部门、矿业部门和服务部门的广泛有效的支持,"长期国家发展计划"还包括承诺采用最佳行业管理做法以实现稳健的经济安全,加强国家工业基础,提高包括采矿业在内的产业的效率、现代化水平和增加值作为提高本地和国际竞争力的主要目标;在"长期国家发展计划"中明确提到了通过产品加工和多样化(下游开发)、结构深化(上游开发)和纵向一体化(上下游开发)来推动价值链的发展,"长期国家发展计划"强调加强横向的产业间关系,包括支持和互补的产业、产品、服务以及相关跨国公司的网络;加快中小企业融入价值链,加强企业在前后价值链中的联系,推进在人口最稠密的爪哇岛以外更平衡的经济发展,以及消除垄断行为和其他市场扭曲。"长期国家发展计划"还特别关注基础设施问题,包括运输、通信、能源和技术,强调校准、测试、标准化和质量控制等基础设施的需求。这一点特别重要,因为标准履约能力日益成为参与全球价值链的条件。

"长期国家发展计划"的实施是通过第一个五年期"中期国家发展计划（Rencana Pembangunan Jangka Menengah Nasional，RPJMN）"来实施的（第二个"中期国家发展计划"期间为2010—2014年），"中期国家发展计划"是各部委和政府机构制定战略和预算分配计划的基础，为了确保更好地协调中央和地区发展，地方政府在制定和调整区域发展规划（Rencana Pembangunan Jangka Menengah Daerah，RPJMD）时要考虑到与"中期国家发展计划"相一致。为了确保"长期国家发展计划"得到及时和有效的实施，在年度政府工作计划（Rencana Kerja Pemerintah，RKP）中会对"中期国家发展计划"作进一步的阐述，成为制定政府预算草案的基础（Rencana Anggaran Pendapatan dan Belanja Negara，RAPBN）。2008年的全球金融危机没有像亚洲金融危机那样对印尼经济带来灾难性影响，2008年印尼国内经济比国际经济要好，金融部门基本保持完好，汇率只是适度贬值；以出口为导向的企业，尤其是那些受到经济衰退影响最严重的传统市场的企业，可能会受到更大的影响，但对国内市场的影响则很小。总之，在这一时期，虽然印尼并没有遵循一条线性的政策轨迹，但更倾向于转向出口导向，注重实现更多的国内附加值，维护国家自然资源的利益，更多地关注创造就业和中小企业的参与。但是印尼近期权力下放在一定程度上导致政策不确定性的增加，"长期国家发展计划"和"中期国家发展计划"的有效性取决于其实施情况，印尼各部委之间、中央与地方之间的缺乏协调仍然是一个问题，政策不一致和不确定性也是一个关键的突出问题。

（二）2008年"国家产业政策总统条例"及2010年"工业部条例"

2008年"国家产业政策总统条例"是在"长期国家发展计划"和第一个"中期国家发展计划"之后一年发起的，在该条例中为印尼在2025年成为强大的工业化国家设定了长期的产业发展愿景，该条例的目标是到2020年将非油气产业对国内生产总值的贡献从目前的24%提高到30%，提高中小工业对大型工业的贡献。为了实现这一目标，在2010—2020年行业需要保持年均增长9.4%，但这一目标很难实现。该条例强调实现这一目标所需要七项"战略成果"，包括提高工业增加值、国内外市场份额、创新和技术能力、工业的巨大发展。条例中描述印尼要成为一个新的工业发达国家需要符合下列标准：（1）对国民经济有巨大的作用和贡献；（2）中小企业与大产业之间保持平衡；（3）拥有强大的产业结构（产业结构深度完整）；（4）拥有处于发展和市场创造前沿的先进技术；（5）具有支持行业国际竞争力的强大服务产业；（6）在APEC国家内拥有完全自由化的竞争优势。

2010年颁布的"工业部条例"中进一步阐述了"国家产业政策总统条例"的愿景，规划印尼到2020年成为一个新的工业发达国家，到2025年印尼将成为一个强大的工业化国家。"工业部条例"中最初提出了产业集群发展的概念，为了实施该计划，工业部采取了双管齐下的办法，首先通过自上而下的方式，加快中央政府规划的35个重点产业集群的发展，中央财政支持的35个重点产业集群分别为农业（12个集群）、交通运输设备业（4个集群）、电子信息产业（3个集群）、基础材料产业（4个集群，其中之一是钢铁工业）、机械业（2个集群）、劳动密集型制造业（2个集群）、支持性和特定创意产业（3个集群）、专项中小工业（5个集群），采用这种集群办法是为了通过建立网络来提高集体竞争力。除了35个集群外，基于国家禀赋（广大地区、大量人口和自然资源）以及较少的有形资产，如能力、创造力等具有高竞争力的行业技能和人力资源认定了一批加快发展的未来产业，这些未来产业分别是：农业、交通运输业、信息技术和电信设备业。

其次，基于分权和区域自治的精神采取自下而上的方法，积极推动地方和地区的参与，通过确定每个地区拥有核心竞争力的产业，发展地方的优势行业。虽然工业部对省级优势产业发展或产业核心竞争力的发展提供技术指导，但是地方核心竞争力发展的主动性或者建议主要来自于当地，这种做法的目的是为了适应2000年以来实施的印尼分权治理体系，区域和省级政府已经被赋予广泛的权力来规划和管理区域内的各个发展部门。在工业部的网站上，分别有18个省和5个机构分别制定了省级优势产业发展路线图和产业核心竞争力路线图。但是如何实现这些成果以及工业部如何计划、监测，何时取得成果交代的并不清楚；而且两个不同的时间框架（即2025年成为一个强大的工业化国家，到2020年成为一个新的工业发达国家）所规定的两个目标之间的差异没有明确说明，也带来了一些混乱。由于这一举措被其他部门视为工业部的专门领域，经济事务协调部在协调各有关部门方面的能力有限；考虑到阻碍印尼工业发展的若干问题，如基础设施有限、劳动力成本上升、电价上涨、限制电力供应等，工业部认为需要几年时间才能看到这些集群的发展的成果。

（三）"加速和扩大印尼经济发展总体规划"（MP3EI）

2011年印尼启动了"加速和扩大印尼经济发展总体规划"（MP3EI），MP3EI旨在鼓励经济快速、平衡、平等和可持续的增长。MP3EI规划的目标是到2025年印尼成为高收入国家，到2025年和2050年成为世界第十大和第六大经济体。MP3EI是一个工作指南，因此会定期进行更新和改进。工业部声称MP3EI是印尼国家发展规划计划的一个组成部分，并不是要取代现行"2005—2025年长期发展计划"（2007年第17号法，RPJPN）和"中期发展计划"（2009年第7号总统令，RPJMN）。与RPJPN、RPJMN、国家产业政策一样，MP3EI也采用将经济走廊战略中的部门和区域结合起来的方法。MP3EI试图基于三大支柱发展的基础上实现其目标：一是通过发展六大经济走廊推动全国经济发展。印尼政府选择了六个地区作为着重经济建设的地带，这六个地区称为六大经济走廊（Six Economic Corridors），包括了爪哇岛（Java）、加里曼丹（Kalimantan）、苏拉威西（Sulawesi）、巴厘—努沙登加拉（Bali – Nusa Tenggara）、巴布亚—马鲁古群岛（Papua – Moluccas）和苏门答腊（Sumatra）六大岛屿。印尼政府希望通过这六个地区经济高速建设，发展当地的优势产业，带动印尼全国经济蓬勃发展。所谓当地优势产业，也就是六大经济走廊所倚重的商品或资源，例如苏拉威西盛产镍矿，巴布亚有丰富的矿产资源，加里曼丹的能源最为突出，巴厘岛的旅游业等。

表3-5　　　　　　　　　　六大经济走廊及其优势产业

	重点产业
爪哇岛	工业与服务业
加里曼丹	矿业、能源储备生产与加工
苏拉威西	农业、种植业、渔业、油气、矿业生产与加工
巴厘—努沙登加拉	旅游、食品加工
巴布亚—马鲁古群岛	自然资源开发
苏门答腊	能源储备、自然资源生产与处理

资料来源：Julia Tijaja and Mohammad Faisal："Industrial Policy in Indonesia: A Global Value Chain Perspective", *ADB Economics Working Paper Series*, No. 411, 2014。

二是加强国内外互联互通。基础设施不仅是印尼全国经济建设的主要支柱和推动经济可持续增长的主要动力，也是印尼各地区间互联互通的重要载体，为了顺利加快印尼发展基础设施的速度和质量，印尼政府还提出了加大基础设施建设的原则：要注意生态环境的持续发展，建设具有包容性和可持续性的基础设施；必须均衡发展交通、能源、通信、科技资讯等各方面的基础设施；基础设施建设必须考虑设计、开发、建设、实施和消费等诸多环节，特别要注重基础设施建设的互联互通性。

三是加强技术和人力资源开发。印尼经济的发展将经历从以资源为基础到以知识为基础的转变，只有在当地创新和人力资源的支持下，印尼经济发展才能更具竞争力。为了实现MP3EI的目标，到2025年印尼人均国内生产总值需要达到15000美元，这要求2011—2014年GDP增长达到6.4%—7.5%，2015—2025年期间增长达到8%—9%。为此印尼需要加速工业化，在2012年工业部提出的目标是2014年工业部门增长8.5%，到2020—2025年持续达到9.8%。2014年工业产品占非石油天然气出口商品总量的比例将达到61.9%，2025年达到95%；2025年工业部门的就业占到总就业人数的25%。根据印尼国家计划发展部的估计，落实MP3EI可以创造大约830万人的就业机会，主要是工业建设方面获得340万人的新就业岗位，而基础设施方面的建设将吸收490万名新工人。印尼政府推行落实MP3EI的投资总值约达3776.4万亿盾，其中六大经济走廊在工业方面的建设资金约达2225万亿盾，基础设施需要1551.4万亿盾。印尼政府财政状况不佳，估计只能提供10%—20%的投资金额，大部分仍需依靠国营、私营企业及国内外投资者的支持。此外印尼政府还根据MP3EI规划，在2025年前对29个国际港口进行扩建，扩展航运物流系统，计划扩建的港口包括雅加达、泗水和不老湾（Belawan）等，印尼政府不仅要在硬件方面扩建这29个港口，还要提高其软件能力，包括改善物流供应系统效率、增加运输能力、提高港口管理和服务能力等。除了六个经济走廊之外，MP3EI将集中在农业、矿业、能源、工业、海洋、旅游、电信和战略领域八个部门，八个主要领域进一步分解为包括了22项的经济活动，其中包括镍、铜、铝土矿和钢铁。

MP3EI旨在确定潜在的优势和制约因素，以确定加速工业发展的基本战略，该计划旨在通过五个主要战略追求加速工业化：（1）促进商业部门参与基础设施建设；（2）消除官僚壁垒的瓶颈；（3）重新定位原材料和能源的出口政策；（4）提高生产力和竞争力；（5）改善国内市场一体化。上述战略将通过六项政策来实施：（1）提升面对全球竞争和产业结构调整的产业竞争力；（2）基础设施建设；（3）提高服务机构质量；（4）完善和统一法规；（5）财政政策；（6）发展人力资源工业（劳动密集型工业）。基于这些考虑，2012—2014年，MP3EI加速工业化努力侧重于采矿业、农产品加工业、基于人力资源的产业这三个主要行业下的15个子行业。在MP3EI中强调国际竞争力的重要性以及培养工业国际市场的可持续竞争力的必要性，因此工业部不会采取内向型的工业政策，而是力求优化"挖掘国家的资源潜力和利用内外一切机会的能力"，最大限度地利用禀赋的收益（如自然资源）以获取国际机会，包括进入外部市场和有竞争力的进口中间投入品。直到2025年，MP3EI的实施计划分为三个阶段。2011—2015年为快速实施的第一阶段，在该阶段要建立MP3EI委员会，制定有关法规，解决发展瓶颈问题、激励基础设施建设、实施投资承诺的行动计划，建立主要机场和海港等国际枢纽，在各走廊加强研发，为走廊主要经济活动提供人力资源开发。2015—2020年为加强经济和投资基础的第二阶段，在该阶段要加快发展长效基础设施项目，加强创新能力，提高主要经济活动的竞争力，完善各个领域的经济治理，扩大高增加值产业的发展。2020—2025年为可持续增长实施的第三阶段，在该阶段要保持可持续的国家竞争力，促进采用可持续发展的技术。

  印尼政府以往也推出过不少振兴经济的计划措施和改革纲领，但是大部分停留在纸上谈兵的阶段，缺乏实际执行效果；而MP3EI自2011年开始实施以来已经取得了一定成果，据印尼国家计划发展部资料显示，自2011年5月27日正式启动MP3EI

以来，到2014年9月，印尼已落实208项基础设施建设项目和174项实业投资项目。于2014年10月20日上任的佐科新政府表示将延续前政府的主要经济建设计划，继续实施MP3EI规划。佐科新政府认为MP3EI规划已较好梳理了印尼全国各主要地区的经济发展项目，符合佐科总统提出的"海上高速公路"、提高生产率和竞争力、发展国内战略性部门、提升国家经济自主性等重要战略的意图，且MP3EI推动了印尼主要岛屿和相互之间的互联互通，有利于印尼经济的持续较快发展。因此印尼新政府将继续落实包括建设公路、机场、港口、水利灌溉和电力等在内的MP3EI优先基础设施项目。

尽管不同的部委和商业协会参与了MP3EI的制定过程，但主要制约因素是各部委之间缺乏协调一致的执法和领导。在MP3EI实施框架的顶端是2011—2025年印尼经济发展加速和扩张委员会（简称KP3EI），KP3EI是根据2011年第32号总统令成立的，KP3EI由总统主持，秘书处由经济事务协调部部长主持，工业部建议在制定MP3EI的过程中与经济事务协调部进行磋商。KP3EI的任务是：（1）协调MP3EI的规划和实施；（2）监测和评估MP3EI的实施情况；（3）制定解决MP3EI面临的问题和障碍的实施方案、步骤和政策。MP3EI实施委员会的结构是：（1）执行小组由部长、非部门机构主席和代表机构组成，小组负责提供总体指导、批准战略决策、解决实施MP3EI期间可能出现的战略问题；（2）工作组由高级官员和参与实施MP3EI行动计划的有关机构的主要官员组成，该小组负责协调投资项目和基础设施项目的实施；该小组将与相关机构合作负责解决部门间问题，确保政府支持实施MP3EI；（3）秘书处由一个专职的全职辅助小组组成，负责开发MP3EI实施的监管和协调系统；秘书处将积极支持实施小组和工作组，提供明确的分析和技术方案，以克服日常监管带来的问题。

(四) 新《工业法》(2014)

印尼议会于2013年12月19日通过了新的《工业法》草案,该法案将取代1984年的《工业法》第5号。2014年印尼签署颁布了新《工业法》[以下统称《工业法》(2014)],《工业法》(2014)的主要目标是增强本国制造业竞争力,减少对进口零件和机械的依赖,为印尼重点发展进口替代产业和下游工业奠定法律基础。《工业法》(2014)内容包括了关于工业发展总体规划、工业园区、产业资源开发、产业安全保障和绿色产业。工业部强调该法案对保证下游产业发展方向的重要性。该法案制定了长期的工业发展总体规划,该规划期跨度为20年,每个阶段分5年,遵循5年为一个阶段是为了加强与其他政策文件(例如RPJMN)的衔接。印尼政府期望通过提供免税期、减免税、保障能源电力供应、激励开发新能源、取消原材料和零部件进口免税、政府入股参与原矿冶炼、加强抵制走私法律保障、建立天然气本地市场供应体系、对棕榈油和可可等农产品提供出口补贴等一系列措施加强本国制造业原材料供应,大力发展制造业和进口替代产业。

《工业法》(2014)中的重要条款包括通过发展国内加工业来提高自然资源的附加值(第31条),通过国有企业和私营企业促进工业发展的竞争性融资(第44—45条),发展特定产业(第63条),国家对战略性产业的管制(第84条),由部长的建议、总统决定的工业防御措施(第97条),以及通过财政刺激和信贷来保护受到全球经济压力损害的任何行业(第100条)。为了实现工业增长目标,印尼政府鼓励农林产品(油棕、可可、橡胶、藤条等)、矿物资源(铁、铝、镍、铜等)和油气为基础的工业进行下游化发展,以提高国内附加值。同时通过加强研发能力建设,鼓励资源深度开发、科技创新、实施印尼国家标准、产品认证、培训人力资源等方式,重点发展以人力资源和工艺为基础的工业。如,从2011年起印尼工业部通过发展棕榈油、可可等农产品加工业和镍、铜等矿产品加工来促进下游工业发展，在免税期、税收减免等财政激励政策的支持下，印尼下游工业成功吸引了大量投资。2014年即将卸任的印尼工业部部长希达亚特呼吁新政府继续高度重视下游工业发展，认为只有通过发展下游工业，才能发挥印尼自然资源丰富的优势。印尼制造商不仅进口机械、重型设备等资本产品，工业制造原材料和半成品也严重依赖进口，政府应通过财政激励政策和优惠政策，扶持战略性工业特别是进口替代工业的发展，以降低对进口产品的依赖。印尼新任工业部部长萨雷·胡欣表示，在未来5年任期内，印尼工业部将继续执行前工业部部长制定的发展下游工业计划，提高农业大宗商品和自然资源附加值。

根据《工业法》（2014），印尼将在爪哇岛以外建造大量（至少36个）工业园区，以便推动欠发达地区的工业增长。这些工业园区作为公共产品，帮助政府实现其目标，即将爪哇岛以外地区的制造业比例从目前的27%提高到2025年的40%。迄今为止，印尼全国共有74个工业园区，而爪哇岛有55个。但印尼政府在工业园区的房地产开发方面相对滞后，仅占6%，而马来西亚和泰国相应的比例分别为78%和48%。需要注意的是《工业法》（2014）中一些条款有保护现有的国内本地产业的倾向性，而不是促进现有和潜在的行业更好地从全球竞争中受益。如《工业法》（2014）规定工业部可以设定选定行业的最低本地含量（第87.4条），但却没有进一步澄清设定本地内容的标准和流程，这在将来可能会带来不确定性。《工业法》（2014）中对强制性国家标准和能力标准的规定也比较严格，禁止在特定国家战略性行业中使用外国员工。《工业法》（2014）规定财政部部长将负责制定关税措施（第98.2条），而工业部部长在与其他部委磋商后负责制定非关税措施（第98.3条）。如果印尼使用关税和非关税措施对国内产业进行保护，会违反印尼对世贸组织做出的承诺。

二 贸易政策

虽然印尼在 20 世纪 80 年代改革之后保持了开放的经济体系，但是在 1997—1998 年亚洲金融危机期间，为取得国际货币基金组织贷款而规定的条件之一，需要进一步的开放和自由化。印尼从 1997 年 10 月开始执行 IMF 的经济自由化改革措施直至 2003 年 12 月结束。IMF 的经济自由化改革主要包括四个方面内容：第一是采取紧缩的财政政策和货币政策以保障宏观经济稳定；第二是金融部门重组；第三是其他结构改革，如国有企业私有化和公司重组；第四是贸易和投资政策改革，即进一步的贸易和投资自由化改革。在 IMF 的严格监督下，经过六年（1998—2003 年）的经济自由化改革，印尼贸易体制和国内市场更加开放。印尼进口关税不断下降，其中，工业制品的平均适用关税为 7%，农产品为 8.4%。进口许可和出口限制等非关税壁垒被取消，印尼政府对部分产业商品进行进口管理，进口管理的方法主要采用配额和许可证两种形式，使用配额管理的产品主要是酒精饮料及包含酒精的直接原材料，其进口配额只发放给经批准的国内企业。危机后印尼取消了粮食署对小麦、面粉、糖、粮食等农产品的特许进口权和销售权，允许一般进口商自由进口；取消对新船和二手船的进口限制；取消对大豆、蒜和面粉的非关税壁垒，代之以进口关税；废除丁香的进口和销售垄断；停止对国产汽车项目的特别税费和优惠贷款；取消了各种形式的出口税和出口限制，如分阶段取消对原木、藤条制品和矿产的出口税，取消了许多农产品、矿产品、天然气产品和化学制品的出口许可。

（一）贸易保护

进口竞争对国内产业影响的担忧对印尼政府影响较大，进口替代是印尼早期工业政策目标，增加国内和出口市场份额已成为国家产业政策的目标之一，工业部表示印尼政府将加大力度，用当地生产的商品替代进口，以遏制海外采购，吸引新的投资来生产原材料、中间产品以及本地生产资料。① 工业部除了在《工业法》(2014) 中增加了一些条款外，该部的官方文件也对自由贸易协定实施带来的影响表示担忧，并特别提到从中国进口的情况。工业部还强调对海外公司不公平交易行为的担忧，由于印尼对大多数商品的进口关税已经很低，工业部已经提到使用非关税措施来保护国内市场免受外来侵入的重要性，这种贸易救济措施不仅适用于商品，也适用于服务部门。为了处理有关工业部门的贸易谈判，工业部设立了一个新的国际合作组织。② 2010年起印尼开始实施新的进口许可证制度，将许可证分为两种，即一般进口许可证和制造商进口许可证，一般进口许可证主要针对为第三方进口的进口商，制造商进口许可证主要针对供自己使用或在生产过程中使用的进口商。目前印尼关税税目中近20%的产品涉及进口许可证要求，如大米、糖、盐、部分纺织品和服装产品、动物及动物产品、园艺产品等。印尼进口许可证要求复杂而且缺乏透明度，产品的进口数量是每年在印尼部长级会议上根据国内产量和消费量来决定。印尼还采用技术性壁垒，对于更多种类的产品规定需符合印尼强制性国家标准的要求，2012年印尼相继发布关于婴幼儿纺织服装及玩具的标准草案，要求相关产品应符合SNI标准的要求，且生产商需要持有SNI标志，否则不能进入印尼市场。由于印尼SNI认证流程复杂，所需材料繁多，认证周期较长，对贸易带来了一定的障碍。

---

① Yulisman, L.: "Government Flexes Muscles to Reduce Trade Gap", *The Jakarta Post*, http://www.thejakartapost.com/news/2014/03/10/government-flexes-muscles-reduce-trade-gap.html, 10 March, 2014.

② Julia Tijaja and Mohammad Faisal: "Industrial Policy in Indonesia: A Global Value Chain Perspective", *ADB Economics Working Paper Series*, No. 411, 2014.

2015年11月，印尼中央统计局局长科贝尔称，2015年1月至10月期间，印尼贸易顺差达81.6亿美元，该顺差来自非油气贸易顺差的135.7亿美元和油气贸易逆差的54.1亿美元。与此同时，印尼对中国的贸易逆差达128亿美元，这是因为在该期间印尼对中国的非油气出口下降20%的缘故，但是印尼对中国非油气进口却比去年同期反而急剧上升64%。导致非油气贸易逆差的原因之一是，进口产品充斥印尼市场，上述进口产品包括电子产品、儿童玩具和化妆品等，其中一部分是非法或是假冒产品。印尼政府必须阻止、限制上述进口产品的数量，其中一个方法就是实施印尼国家标准和打击假冒产品的进口。工业部制定了工业部部长条例，强制国内工业产品实行国家标准来提高产品竞争力。印尼对工业产品施行强制性国家标准（SNI）政策后，2016年的产品平均进口量同比下降5.52%，金额达2.82亿美元。工业部还成立了几家工业科研开发机构，来加快掌握技术和提升国内工业的创新能力，目前工业部研发机构由11家培训中心和11家工业研究和标准化局（Baristand）组成。①

为迎接2015年东盟经济一体化，印尼政府在2013年就提出优先发展印尼在国际市场上较有优势的产业，主要包括棕榈油、可可、渔产品加工、纺织业、家具、食品加工、化工、机械及零部件和金属冶炼加工九大产业。为了提高各产业竞争力、保护本国产品，印尼政府将实施保护本国产品和限制进口产品等保护政策，改善和加强产品研发水平，提高人力资源质素和竞争力。印尼政府还出台新的税收政策对劳动密集型企业及其员工给予税收优惠，旨在减轻劳动密集型企业的负担，减少企业

---

① 驻印尼经商参处：《印尼强制性国家标准政策导致工业产品进口减少2.82亿美元》，http://id.mofcom.gov.cn/article/sbmy/201707/20170702614341.shtml，2017年7月24日。

裁员，确保印尼的就业率保持现有水平。2014年10月20日印尼总统佐科就职，贸易部根据佐科施政理念和目标，表示当前印尼要努力应对日益恶化的贸易逆差，印尼的出口必须在五年内增加三倍以保持贸易平衡，贸易部协调工业部、农业部等部门，共同制定优先推动的出口商品目录，加强对虾、食品、棕榈油、化工产品等八种商品出口推进力度，以减少贸易逆差。印尼政府希望各项工程优先使用国产钢材，以提高国内钢铁工业的竞争力，因此印尼财政部颁布了2015年第97号财政部长条例，对2011年第213号财政部长条例进行修订，将钢铁进口税从原来的0—15%提高至最高20%。根据印尼卡查玛达大学（UGM）商业和经济培训研究院的估计，印尼政府调高钢铁进口税，将减少330万吨的钢铁进口量，节省27亿美元外汇。此前印尼工业部强调称，印尼政府将保护国内钢铁工业免受进口产品冲击，保护措施包括调高钢铁进口税，强制使用印尼国家标准（SNI）的钢铁产品，工业部希望通过与建设和财政监督机构（BPKP）合作，能监督国家收支预算（APBN）融资工程确保使用国内产品。2015年印尼国内钢铁厂总数为352座，主要分布于爪哇岛、苏门答腊岛、加里曼丹岛和苏拉威西岛，其中大部分集中于爪哇岛。年产能约800万吨，吸收劳动力总计约20万人。2015年印尼国内供应量无法满足需求，调高进口税后，印尼企业不得不以更高价格购买钢材。①

（二）通过《贸易法》保护国内市场

经过三年审议，2014年2月11日印尼国会通过了本国第一部综合性的贸易法律（以下简称《贸易法》），该贸易法是印尼有史以来第一部贸易综合法律，将替代1934年《公司分配法

---

① 驻印尼经商参处：《为保护国内产业，印尼调高钢铁进口税至20%》，http://id.mofcom.gov.cn/article/sbmy/201506/20150601010551.shtml，2015年6月12日。

令》、1961年的《货物法》、1962年的《货物监督法》、1965年的《仓储法》,《贸易法》被视为对新《工业法》的补充。《贸易法》共包括16章79条款,包括规范国内贸易系统、货物和服务标准化、国际贸易、贸易救济等部分,还包括为了确保大宗商品价格稳定而为当地农民提供税收优惠等。虽然印尼在国土面积、人口和经济总量上占据东盟的较大份额,但由于东盟内马来西亚、泰国、越南等邻国产品在印尼市场上具有独特优势,《贸易法》申明印尼不会完全接受自由贸易的立场,印尼将在市场效率和本国多种利益保护之间寻求平衡,印尼将通过《贸易法》保护国内市场,提高本国国产商品的竞争力,是印尼为了应对2015年东盟经济一体化所采取的重要措施之一。

印尼《贸易法》赋予了政府更多权力,使工业部在限制进出口贸易方面发挥更大作用,通过关税和非关税壁垒限制进出口,允许政府出于保障国内供给、发展本国产业、保持贸易平衡等考虑限制进出口,保护本国工业和市场,确认了政府在调控商品流通和进出口等商业行为中的关键地位。该法允许政府为提高主要商品的国际市场价格或保证国内充分供应而限制大宗商品的出口,《贸易法》第18条规定,在特定条件下,印尼政府有责任确保大宗商品的供应和价格稳定,以确保消费者负担和商家合理的收入。2014年佐科总统上台后,多次强调将继续维持禁止原矿出口政策,增加矿业产品附加值,推动印尼工业化发展,相关部门也多次表示将坚持执行禁令。《贸易法》还为印尼政府发展或保护相关工业而限制进口提供了法律基础,第32条规定,为了加速印尼国内某行业发展,印尼政府有权限制进口货物或服务。新的《贸易法》也强调了印尼的另一个政策目标,即最大限度地增加国内资源的附加值,工业部可以限制或停止出口战略商品,以确保包括国内工业在内的当地供应。尽管这一规定的理由是为了更好地管理贸易平衡,但最近的政策已经应用在藤制品、可可、矿物等商品上。例如,印尼贸部表示，根据2017年第38号贸易部部长条例规定，生藤原料不可出口到外国，可以出口的是半成品藤条。①

此外《贸易法》也对国际贸易事宜进行授权，要求政府在自由贸易协定的谈判前须与国会协商并征求意见；有关自贸协定的实施也需要通过国会批准，国会也有权废除政府对外签订的自贸协定等。印尼政府为应对国内不断高涨的贸易保护主义和资源民族主义情绪，还出台了一系列贸易限制和保护政策，2014年年底印尼政府就开始评估提高部分工业制成品进口税率的可行性，该措施涵盖741个税号，主要包括纺织品、下游化工产品、基础金属、车辆等。印尼工业部表示，工业制成品进口税率应高于原材料和中间产品进口税率，以使关税税率结构更加合理。2015年6月印尼总统佐科责成经济统筹部部长尽快编订有关条例和规定，要求政府和国有企业必须尽可能采用国内原材料，以减少对进口产品的依赖，以促进印尼国内产能的消耗及工业的发展，印尼建设与财政监督机构（BPKP）负责监督此事，严密监控那些不采用印尼国内原材料的政府部门和国企。

据印尼经济统筹部数据显示，2017年，印尼执行的经济方面的协定仅2个，即2008年与日本签订的经济伙伴关系协定及2013年与巴基斯坦签订的优惠贸易协定（PTA）。与之相比，越南有5个，马来西亚和泰国则各有7个正在执行的自贸协定，而新加坡有15个。印尼投资协调委员会主席托马斯表示，缺乏自贸协定及类似协定，意味着印尼在投资领域也落后于其他东盟国家。印尼贸易部官员认为印尼各部门在按自己的方向行进并保护国内行业，在贸易领域各部委的不同取向是导致自贸协定谈判进展缓慢的因素之一。由于印尼与许多贸易伙伴都未签

---

① 驻印尼经商参处：《印尼禁止出口生藤原料》，http://id.mofcom.gov.cn/article/sbmy/201709/20170902651514.shtml，2017年9月27日。

订自贸协定,印尼出口商在许多国家遭遇高关税的情形正在增多,同时其他东盟国家的出口商却能享受削减的关税甚至零关税待遇。以印尼轮胎企业为例,印尼企业的产品进入土耳其会被征收45%的关税,而越南与土耳其签订了相关协定,越南产品在进入土耳其时享受零关税待遇,由于其他东盟国家在商签自贸协定方面更积极,缺乏自贸协定制约了印尼产品进入其他潜在市场。① 近期,印尼也加快了自由贸易协定谈判的进程,2018年12月,印尼与欧洲自由贸易联盟(EFTA)正式签署全面经济伙伴协定,欧洲自由贸易联盟包括瑞士、列支敦士登、冰岛、挪威四国。印尼政府表示签署协定能够积极扩大对外贸易、开拓新市场、吸引外来投资。根据协定,印尼将扩大对上述国家出口渔产品、纺织品、家具、电器、轮胎、咖啡和棕榈油等;同时,欧洲自由贸易联盟国家也将扩大对印尼出口黄金饰品、医药、化工、钟表和化妆品等。② 此外,澳大利亚与印尼在2018年8月决定签署自由贸易协定,预期贸易额可达10亿美元。双方原定于2018年年底前签署。但澳政府考虑承认耶路撒冷为以色列首都,并且把澳驻以大使馆从特拉维夫迁至耶路撒冷;印尼方面对此不满,推迟了签署自由贸易协定。印尼是全球穆斯林人口最多的国家,美国驻以大使馆2018年5月从特拉维夫迁至耶路撒冷,招致数以万计印尼人抗议。③

---

① 驻印尼经商参处:《印尼在商签自贸协定方面落后于其他东盟国家》,http://id.mofcom.gov.cn/article/sbmy/201709/20170902642458.shtml,2017年9月6日。

② 驻印尼经商参处:《印尼与欧洲自由贸易联盟签署全面经济伙伴协定》,http://id.mofcom.gov.cn/article/jjxs/201812/20181202817592.shtml,2018年12月17日。

③ 驻印尼经商参处:《澳大利亚与印尼推迟签署自贸协定》,http://id.mofcom.gov.cn/article/jjxs/201812/20181202813144.shtml,2018年12月4日。

三 投资政策

(一) 投资法

印尼外商直接投资 (FDI) 最初由《1967年第一号外国投资法》(Foreign Capital investment Law No. 1 of 1967) 来规范,该法于1970年第11号法令的形式被修订。该法规规定了企业的经营形式与经营范围、外资领域、人力资源、土地使用、优惠政策、利润汇回、国有化及补偿、内外资的合作等方面的内容。在1994年的第20号政府条例 (The Government Regulation No. 20 of 1994) 对外资的股权作出了规定:外资企业是以外方和印尼方合作伙伴成立合营公司的形式建立起来的,这种形式可涉及法人(公司)或自然人,印尼法律规定合营企业要采取有限责任公司的形式(印尼人称之为 PT., Perseroan Terbatas)。印尼政府对最低投资(股票+贷款)限额没有规定,投资额由有关方面根据经济规模和商业因素自行决定。外资企业可以单独投资的方式成立,即外方可拥有100%的股权。然而印尼要求在15年的商业经营期限内,公司可通过直接销售和/或通过国内证券交易所的非直接方式,把部分股权转让给印尼的个人或法人,通常而言至少转让5%给印尼方。同时规定外资企业自建立起,准予30年的经营期限,若在此期间增加了投资额(扩大投资项目),对于所扩大的项目另行准予30年的经营期。因此只要外资公司保持扩大投资项目后重新投资,实际上就一直可以经营下去。

对于印尼规定外资可进入领域方面,在1967年的《外资法》中规定比较简单,只是规定了禁止外资占全部股份的领域(主要是国计民生领域):港口、公用电力、海运、电信、航空、饮用水、公共铁路、原子能开发和大众传媒。同时规定,采矿业领域需要和政府合作。在国防方面的产业如武器、弹药等则绝对禁止外资进入。印尼政府在1995年第31号总统令中对限制和禁止投资的行业目录作了补充和修订，其后2000年第96号总统令（Presidential Decree Number 96/2000）和2000年第118号总统令（Presidential Degree Number 118/2000）又进一步作了修正和完善。1995年第31号总统令和2000年第96号总统令内容差别不是很大，但是和2000年第118号总统令相比较，对某些领域的外资比例作了如下规定：外资所占有的股份最高不得超过95%：海港的建设和经营；公用电力的生产、输送和销售；航运；公共饮用水的建设和经营；铁路运输；原子能发电；医疗卫生服务。外资所占股份最高不得超过45%：通信、商业空运。而在2000年第18号总统令的修正案中，则取消了上述领域的合资企业中外资比例的限制。

2007年3月，印尼议会批准了新《投资法》（第25/2007号法律）［以下统称《投资法》（2007年）］，从而分别取代了1967年和1968年外国和国内投资法律，为国内外投资提供了单一的立法框架。《投资法》（2007年）规定，除印尼总统条例中投资负面清单（DNI）有明确规定，否则所有的工业部门都可以投资，包括外国投资。①《投资法》（2007年）第三章是投资基本政策，其中规定在考虑到国家利益的同时，给予内外资同等待遇；向微中小型企业及合作社广开发展机会并提供保护。第五章规定了对待投资者的政策，其中规定除非有法律规定，中央政府不会进行国有化，若进行国有化，中央政府将按市场价格给予补偿，关于补偿双方如不能达成一致，可由仲裁解决；投资者可按法律规定转移资产的所有权，可转移资产不包括国有资产；投资者有权以外汇形式转移和汇回国内下列资产：a 资本；b 利润、利息、红利和其他收入；c 用于以下的资金：购买

---

① Stephen Magiera：" Indonesia's Investment Negative List：An Evaluation For Selected Services Sectors"，*Bulletin of Indonesian Economic Studies*，Vol. 47，No. 2，2011，pp. 195–219.

原材料、附件、半成品、成品；或因维持生产所需替换的资本品；d 投资所需增加的资金；e 偿还贷款的资金；f 资源税等需支付的费用；g 企业里外国个人的所得；h 出售投资资本所得；i 损失补偿；j 转让补偿；k 技术支持费用、工程合同所得以及知识产权所得等。

《投资法》(2007 年) 第六章劳工条款中规定投资企业在使用劳工方面应首先考虑印尼籍人士，企业可根据规定雇用特定职位和技能的外国人，企业有义务按规定通过职业培训提高印尼劳工的技能，雇用外国人的企业有义务按规定举办培训和向印尼劳工转让技术。

《投资法》(2007 年) 第十章规定了投资鼓励措施，投资鼓励措施必须至少符合下列标准之一：a 吸收大量劳力；b 属于优先发展领域；c 属于基础设施建设；d 进行技术转让；e 先锋工业领域；f 地处边远、落后、边境及其他认为需要的地理位置；g 有利于保护生态环境；h 进行科研开发创新的活动；i 与微中小型及合作社合作；j 使用国内生产的资本货物或机器或设备工具的工业。鼓励措施形式包括：a 在一定时间通过减少净投资一定比例的方式减少所得税；b 减免在国内不能生产的生产所需的进口资本货物的进口关税和增值税（d）；c 在一定期间有条件地减免生产所需进口原材料和辅料的进口关税；e 加快折旧；f 减少一定地区一定领域的土地建筑税。政府还将提供服务及审批的便利：a 土地使用权；b 移民服务便利；c 进口批准便利。对土地使用权的便利包括：a 土地经营利用权，95 年（原来为 35 年可延至 60 年），首次给予并延长 60 年，可再次更新 35 年；建筑利用权，80 年（原来为 50 年），首次给予并延长 50 年；可再次更新 30 年；土地使用权，70 年（原来由地方政府决定使用期限），首次给予并延长 45 年，可再次更新 25 年。移民政策便利主要给予：a 投资者需要实现其投资的外国劳工；b 投资者所需临时用于维修售后服务等的外国劳工；

c 潜在投资者来考察投资项目；上述便利将在得到投资协调署的推荐之后给予。

《投资法》（2007年）第四章规定了企业形式和地位，内资可由法人企业、非法人企业和个人企业形式进行；除另有法律规定，外国投资必须按印尼法律以有限股份公司形式进行；内、外资以有限股份公司形式投资可通过以下方式：在成立时占有部分股权、购买股份、其他符合法律规定的方式。一般来说，对于外资组织形式和股权比例进行限制是一国有效管理外资、同时又能吸引国外资金和技术的有力手段。印尼也不例外，其对外资企业的组织形式和资金比例作了较为详细的规定。印尼允许外国投资者建立的商业实体形式有三种，即外商投资公司（PMA公司）、合资企业和代表办事处。代表办事处设立要求较少且办理程序也较为简单，几乎所有行业都允许设立代表办事处，根据投资协调委员会第1/2008号法令，申请人必须提交在公司母国完成公证并通过该国在印尼外交部门出具的公证文件，包括公司成立代表办事处的意向书、代表办事处首席代表的个人授权书、遵守印尼法律法规声明书。根据行业的不同，这些文件必须呈交给相关部门或投资协调委员会。针对具体行业相关部门会有详细的行业要求。比代表办事处更为复杂的组织形式是合资企业，即与当地的企业或个人合作经营。由于对外资股权比例要求的限制，外国公司股权一般不得超过股权比例的49%，在这种情况下，外商一般会选择与当地企业进行合资经营。根据要求设立合资企业需要提交双方合营协议的草案文本、印尼方参与合营的公民个人身份证件复印件及参与合营的公司税务登记代码复印件。如前所述，在很多行业领域印尼规定与中小企业合作，如果印尼的合作方为中小企业，还需要提交印尼公司所提供的证明其确实为一家中小企业的确认函。100%外资所有或外资拥有多数股权的公司被称为外商投资公司（PMA公司），其组织形式一般为有限责任公司

(PT)。其设立需要通过印尼投资协调委员会（BKPM）审批。这种类型公司的优点在于，它给予了外国投资者完全把握公司发展方向的权力并降低了寻找当地合作伙伴的风险。PMA公司可通过以下四种方式设立：即独自设立100%外资股权、与其他外国投资者共同成立一个新的有限公司或者与印尼合伙人共同成立一个新的有限公司但外方控股、购买现有的有限公司的股份并控股。

（二）外资准入制度

印尼规定了相对较为完善的投资准入制度，其主要采用"负面清单"模式管理外资，且该清单随其国情变化亦在不断调整。印尼对外国投资者总体来看比较开放，多数行业准予外资进入。印尼投资准入制度主要的法律依据是《投资法》（2007年）、2010年第36/2010号总统令《禁止类、限制类投资产业目录》和印尼投资协调委员会（简称BKPM）有关"负面投资名单"（Daftar Negatif Investasi）的部门规章组成。2013年11月，为扩大吸引外资、鼓励外资进入亟待发展的特定行业，印尼投资协调委员会对"负面清单"进行了较大的调整，一方面扩大了外商投资的领域，开放了部分原先仅限当地投资的行业；另一方面，对外资的持股比例要求放宽，一些行业外商可以控股。具体来说包括以下几个行业：（1）港口管理业，包括海港、陆地港、干船坞和空港，均对外资开放，最高可达100%拥有股权；（2）制药业，从原外资持股不超过75%提高至85%；（3）金融合资企业，从原外资持股比例不超过80%提高至85%；（4）电信行业，含移动通信和固话通信，从原外资持股不超过45%提高至65%；（5）生态旅游业，外资持股比例由49%提高至70%；（6）广告业，开始对来自东盟国家的外资开放，最高股权51%；（7）电影分销、公交站（bus-terminals）、机动车检测，均开始对外资开放，最高持股比例不得超过49%。

2015年起，印尼投资统筹机构考虑修订投资负面清单，① 将国内28个行业给予投资宽松化，允许外资在这些行业进行有限度投资。28个行业包括贸易、海洋和渔业、文化、农园业、运输业、工业、公共工程和民居以及能矿等领域。其中，16个行业将对外资开放，12个行业将对外资适度开放。2016年5月18日，印尼总统佐科签发第44号总统令，颁布"2016年印尼投资行业开放清单"②。印尼政府在颁布了10套经济刺激措施后出台新的投资开放清单，旨在体现其对持续改善投资环境、通过吸引外资拉动经济增长的重视。2016版投资行业开放清单在2014版基础上作了较大幅度的调整，增加了较多对外资开放领域，其目的在于通过吸引外资，大幅提升印尼基础设施建设，解决发展瓶颈，进而拉动经济增长。新的投资负面清单（DNI）中删除了35个行业，这意味着政府放宽外资准入限制，外资可在35个行业中独资控股。③这35个行业分别为：（1）橡胶粉工业（外资原先最大持股权为49%）；（2）高速公路运作业（原先95%）；（3）非危垃圾处理业（原先95%）；（4）直销业（原先95%）；（5）冷藏业（原先33%）；（6）期货经纪商（原先95%）；（7）餐馆业（原先51%）；（8）酒吧业（原先49%）；（9）咖啡座（原先49%）；（10）运动或体育场所（原先49%）；（11）拍摄电影工作室（原先49%）；（12）电影片加工室（原先49%）；（13）电影配音设施（原先49%）；（14）冲洗电影片和生产业（原先49%）；

---

① 驻泗水总领馆经商室：《印尼政府考虑向外资有限度开放28个行业》，http：//surabaya.mofcom.gov.cn/article/ddfg/201510/20151001141043.shtml，2015年10月20日。

② 驻泗水总领馆经商室：《2016年印尼投资行业开放清单》，http：//surabaya.mofcom.gov.cn/article/ztdy/201611/20161101643315.shtml，2016年11月7日。

③ 驻泗水总领馆经商室：《印尼扩大开放35个行业，外资可独资控股》，http：//surabaya.mofcom.gov.cn/article/ztdy/201602/20160201258482.shtml，2016年2月19日。

（15）拍摄电影设施（原先国内企业专有）；（16）剪辑电影片措施（原先国内企业专有）；（17）电影片配字措施（原先国内企业专有）；（18）制作电影软片业（原先国内企业专有）；（19）放映电影业（原先国内企业专有）；（20）录音室（原先国内企业专有）；（21）发行电影片（原先国内企业专有）；（22）网吧（原先国内企业专有）；（23）电信实验室（原先95%）；（24）电子商务（原先国内企业专有）；（25）制药原材料工业（原先85%）；（26）医院管理和营业（原先67%）；（27）租赁医疗设备（原先49%）；（28）医疗实验室（原先67%）；（29）临床健康检查（原先67%）；（30）普通科医生临床检查（原先国内专有）；（31）专科医生（原先国内专有）；（32）牙科医生（原先国内专有）；（33）医疗员服务（原先国内专有）；（34）传统保健服务（原先国内专有）；（35）退休金管理业（原先国内企业专有）。

2018年，印尼政府修订并公布了投资负面清单，大幅放宽外资准入或持股比例。此次被排除出投资负面清单的有五大领域54项业务，允许外国投资者拥有100%股权。这些投资领域包括制药行业、针灸服务设施、艺术表演画廊、商业画廊、旅游业开发、市场调研服务；包括固定电信网络、移动电信网络、电信服务内容、互联网接入、信息服务中心或呼叫中心等在内的数据通信服务；海上石油天然气钻井、地热钻井、地热发电厂、职业培训、征信调查等。本轮投资负面清单调整是印尼政府推出第16套经济改革措施的重要内容。该套经济改革措施还包括减税、出口收入回流等。印尼政府意在增加外国投资者信心和弥补贸易逆差，希望该项投资放宽政策能够吸引更多的外商投资印尼。①

---

① 驻印尼经商参处：《印尼政府修订投资负面清单，大力吸引外资》，http：//id.mofcom.gov.cn/article/sxtz/201812/20181202813142.shtml，2018年12月4日。

第三节　案例研究：印尼汽车产业

一　印尼汽车产业概况

（一）印尼汽车产业市场格局

印尼汽车产业发展尽管起步较早，但由于汽车产业的政策不利，在1999年新汽车产业发展政策之前，印尼汽车的产量、销量以及装配水平都较低且发展缓慢。1999年汽车产业开放后，印尼的汽车产销量快速增长，2000年汽车销量和产量呈现爆发性增长，但因石油价格的上涨，或地区或全球经济下滑影响，2001年、2006年和2009年汽车销量出现下降。尽管受到全球金融危机的影响，印尼汽车销售的年均增长率仍高达19.9%，2010年的汽车销售就达76万辆，成为东盟地区最大的汽车市场。2011年汽车销售继续快速增长，销量达到89万辆。[1] 2012年无论是汽车销量还是产量第一次突破100万辆（111.6万辆），2013年印尼汽车销售量达到123.2万辆，较2012年增长了10.4%，2000—2014年，印尼汽车销量从30万辆增加到120万辆。[2] 据印尼汽车工业协会发布的数据显示，2016年印尼新车销售106万辆，同比增长5%，连续3年成为东盟第一大汽车市场。印尼汽车工业协会主席约翰内斯表示，拥有2.5亿人口的印尼是东南亚最大的经济体，但汽车保有量仅为每千人约80辆，远低于邻国泰国和马来西亚的约240辆和约400辆，这意味印尼的汽车保有量还有很大的增长空间。随着全球大宗商品价格回稳，2017年印尼经济将持续改善，有利于提振印尼的汽

---

[1] 张久琴：《印度尼西亚汽车市场的商机》，《东南亚纵横》2013年第1期。

[2] 驻印尼经商参处：《2013年印尼汽车销售量突破120万辆》，http://id.mofcom.gov.cn/article/jjxs/201401/20140100459007.shtml，2014年1月10日。

车销售，预计新车销售将增长3%—4%。东盟汽车理事会的数据显示，2016年东盟新车销售316万辆，同比增长3%。泰国和马来西亚是东盟的第二大和第三大汽车市场，2016年两国的新车销售分别为80万辆和66.7万辆。①

随着印尼经济的快速增长，国民收入增加，有购车需求的人越来越多，潜在汽车消费市场巨大。据伦敦全球研究所BMI Research预测，到2021年印尼年收入在1万—2.5万美元的家庭数目将达到38.4%，而年收入在0.5万—1万美元的家庭数目将从2017年的41.4%降为23.2%，中上阶层增加将推动印尼的私家车销售量。此前，全球市场研究所Frost and Sullivan预测2017年印尼的汽车销售比2016年的106万辆增长约5%，达到110万辆，廉价环保汽车（LCGC）和多功能汽车（MPV）将支撑2017年的汽车销售增长率。还有数项因素推动印尼2017年的汽车销售，如预计印尼经济增长将达到5%及其对消费者购买力造成的影响、盾币汇率走强和大量基础设施建设。此外税务特赦方案成功和中产阶层快速增长对汽车市场造成有利影响，预计2020年印尼中产阶层数量达到1.5亿人。② 据东南亚机动车联盟（AAF）数据，2017年印尼的汽车销售达到108万辆，占东南亚区汽车334万辆总销量的32.32%，位居第1位。印尼机动车业协会（Gaikindo）称，印尼仍引领东南亚汽车市场，主要因素是经济好转、人口众多和持续提高的人均收入。③

---

① 驻棉兰总领馆经商室：《印尼连续3年成为东盟最大汽车市场》，http：//medan.mofcom.gov.cn/article/jmxw/201702/20170202513905.shtml，2017年2月13日。

② 驻印尼经商参处：《印尼未来5年的私家车销量或将每年增长11.5%》，http：//id.mofcom.gov.cn/article/dzhz/201702/20170202523119.shtml，2017年2月25日。

③ 驻印尼经商参处：《印尼继续保持东南亚第一大汽车市场地位》，http：//id.mofcom.gov.cn/article/jjxs/201804/20180402728562.shtml，2018年4月4日。

据咨询公司弗若斯特（Frost & Sullivan）在2013年的一项研究报告表明，[①] 2019年东盟地区将成为世界第5大汽车市场，并将为全球汽车厂商中长期发展提供重要机遇，其中印尼将成为东盟最大汽车市场。东盟汽车市场快速发展的原因，一是得益于印尼和泰国等新兴市场的中产阶级快速增长而增加了对汽车的需求；二是目前该地区汽车拥有率仍较低，发展潜力和空间较大。由于印尼经济持续较快增长、中产阶级持续增加、汽车领域投资逐年攀升和政府陆续制订鼓励汽车业发展政策等有利因素，使印尼成为东盟各国中汽车工业发展最快的国家。近期，全球重要汽车生产商如日本丰田、本田、铃木以及德国大众、美国通用汽车等纷纷看好印尼汽车市场，增加投资、扩大工厂规模，提高汽车产量，以适应印尼国内日益增加的市场需求。据分析，2012—2019年，东盟汽车市场需求年均增长5.8%，而汽车产量年均增长约8%，2019年东盟汽车产量将达705万辆。

表3-6　　　　　　印尼汽车生产量（2000—2015年）　　　　　　单位：万辆

年份	总计	乘用车				商用车			
		轿车	多用途型	运动实用型	节能型	客车：5—24吨	货车：低于5吨	货车：5—24吨	货车：高于24吨
2000	29.27	3.73							
2001	27.92	3.22							
2002	29.93	2.40							
2003	32.20	2.09	18.19	0.04		0.15	6.06	5.57	0.10
2004	42.21	0.73	25.00	0.01		0.12	9.26	6.77	0.31

---

① 驻印尼经商参处：《2019年印尼将成为东盟最大汽车市场》，http://id.mofcom.gov.cn/article/jjxs/201308/20130800273380.shtml，2013年8月27日。

续表

年份	总计	乘用车				商用车			
		轿车	多用途型	运动实用型	节能型	客车：5—24吨	货车：低于5吨	货车：5—24吨	货车：高于24吨
2005	50.07	0.62	32.63	0.00		0.24	9.95	6.16	0.46
2006	29.60	0.20	20.37	0.06		0.13	5.00	3.63	0.22
2007	41.16	0.16	30.23	0.53		0.17	5.19	4.33	0.55
2008	60.08	0.59	41.60	0.95		0.30	8.49	7.13	1.02
2009	46.48	0.24	34.62	0.36		0.23	5.46	4.99	0.58
2010	70.25	0.41	47.73	1.52		0.41	10.16	8.74	1.28
2011	83.79	0.32	53.08	2.79		0.41	15.14	10.57	1.48
2012	106.56	0.49	69.34	4.52		0.53	16.97	12.59	2.11
2013	120.82	0.51	84.22	2.48	5.30	0.47	14.17	11.74	1.93
2014	129.85	3.97	76.19	2.65	18.51	0.41	16.12	10.35	1.65
2015	109.88	6.15	55.43	2.97	17.71	0.39	19.97	6.48	0.59

资料来源：CEIC 数据库。

印尼汽车市场上日系品牌汽车独占鳌头，日系品牌中以丰田、大发、三菱、铃木为主。日本汽车企业在印尼建立了独资或合资的组装生产线，大部分零配件生产也已本地化；实力雄厚的日资背景的金融、保险公司为汽车买主提供灵活多样的消费信贷和保险业务。与欧美汽车相比，日本车在性价比、售后服务及保养成本方面都占有明显优势。随着印尼汽车市场快速发展，以日本企业为主的外资汽车企业纷纷增加对印尼汽车和摩托车领域投资。

印尼本国汽车制造商面临来自日本、韩国等外国企业的激烈竞争，印尼希望通过与其他国家合作或技术转让，增强技术实力，提高竞争力。一些印尼企业还加强了汽车产业价值链上、下游产业的发展，如根据印尼工业部数据，汽车产业占全国钢材总消耗量的8%，到2025年汽车产业预计将以5.5%的复合年增长率增长并达到 230 万量的产量,这将消耗大量的基础材料。2017 年印尼国有钢铁企业 Krakatau 与其合作伙伴韩国钢铁企业 Posco、日本钢铁企业 Nippon 讨论建立一个投资额约 4.5 亿美元的钢铁厂。[①] Posco 公司与 Krakatau 讨论设立冷轧钢厂的可行性,该钢厂将主要生产汽车用钢材,每年将生产 120 万—150 万吨冷轧钢,以满足印尼汽车产业显著增长的需求。Krakatau 与 Posco 合资建立的合资公司为 Krakatau Posco,双方各持有 30% 和 70% 的股权。Krakatau Posco 投资 35.8 亿美元在印尼万丹建设了生产钢锭、钢板等产品的综合钢铁厂,该钢铁厂在 2016 年亏损 5600 万美元。Krakatau 与 Nippon 以及另一家日本钢铁企业 Sumitomo 建有合资企业,并设立了一个投资额达 3.78 亿美元的钢铁厂生产镀、锌、钢等产品,用于汽车产业。

（二）印尼政府对汽车产业发展的扶植政策

在国产车方面,20 世纪 90 年代以来,印尼结合国情对汽车的产业、资本、技术、税收等政策做出了调整和选择,以此来促进汽车工业的成长。印尼将汽车工业列入支柱产业予以扶植,并致力于提高汽车产业的国产化率,增加国产零部件的使用比重。印尼政府采取了很多政策如强制删减计划、激励计划、国产车计划等,一直致力于汽车国产化和本地化含量,但时至今日,不仅未能拥有自有品牌汽车,而且汽车零配件生产能力仍处于较低水平。[②] 例如,印尼每个汽车生产商大约有 100 个一级汽车零配件供应商,但这一层级的本地零配件供应商很少;印尼的汽车生产商主要经营汽车零部件生产、汽车装配及销售,可以说迄今为止,印尼的汽车产业只是汽车组装业,没有自主

[①] 驻印尼经商参处:《印尼及日韩企业讨论建设钢铁厂以满足该国汽车产业需求》,http://id.mofcom.gov.cn/article/sxtz/201709/20170902650665.shtml,2017 年 9 月 15 日。

[②] 林梅:《印尼汽车产业发展及中国汽车企业投资印尼的策略》,《亚太经济》2016 年第 4 期。

品牌、没有研发投入、没有自有专利。印尼的汽车产业链相对较简单，包括三部分：汽车零配件供应和生产（含原材料供应、半成品材料供应、二级和三级零配件生产）、汽车生产和装配（含一级零配件供应和原始设备制造）、汽车零售和代理。印尼汽车工业正处在低端汽车零部件生产向高端零部件生产发展的阶段。

印尼从1993年起开始积极推行汽车国产化政策，政府采取了越来越多的整车进口限制，只准许进口散件。后来又宣布要逐步减少进口零部件在国内装配汽车中的比重，直至完全不进口，印尼政府取消了零部件进口关税方面的优惠政策。同时印尼为了长期、高效率扶植具备国际竞争力的汽车产业，将零部件产业，小型商用车（5吨以下）及摩托车，排气量在1.5升以下的微型汽车定为重点扶植领域。1999年印尼政府公布了新的汽车政策，新政策强调集中发展零部件，强化出口市场，特别是微型汽车工业及其零部件的出口，培育新的产业结构。对于国内市场，印尼政府首先对关税政策进行调整，在新的税制中取消了自1994年实施的"采用印尼当地汽车零配件奖励制度"，把本国无法自制的重型汽车（如货车、卡车）和商用车（如大客车、游览车）零配件进口关税降至15%以下，调高了特定车型汽车的奢侈税，将排气量4升以上及4×4汽车奢侈税自50%调高至75%，对排气量5升以上汽车的奢侈税目从50%调高到60%，取消生产汽车的"本地化含量"要求，取消了外商投资所持股份的比例要求，外商可完全独资控股；放松进口措施，以便通过市场机制建立正常的、可负担得起的汽车价格体系。2008年5月印尼为推动国内汽车组装业发展，财政部发布新的条例，规定在2010年前将整套汽车散件（CKD）的进口税率从当前的5%—40%下调至5%—15%。印尼政府一直鼓励国内汽车零部件工业发展，以使印尼成为出口的生产基地，同时也满足国内需求。2018年4月，印尼工业部表示，印尼汽车工业

2017年整车出口达23.1万辆,同比增长20%,2017年汽车零部件出口较2016年增长1200%,共计8100万件。①

相对于价位较高的欧美汽车来说,廉价环保汽车更受普通消费者青睐,为此印尼政府2013年宣布实施廉价环保汽车计划(Low Cost Green Car,LCGC),推出各类优惠政策,鼓励国内外汽车制造商生产廉价环保汽车,以满足巨大的国内市场需求。②但印尼政府规定,廉价环保汽车必须使用至少40%的本国汽车零配件,如轮胎、散热器和玻璃等。同时,印尼政府将推出廉价环保汽车战略,以此应对即将到来的东盟经济一体化,2015年东盟经济一体化后,泰国、马来西亚生产的汽车将涌入印尼市场,印尼工业部在全国推动低成本环保汽车发展,对生产低成本环保车的企业给予免缴奢侈品销售税的优惠,提高印尼汽车的竞争力。③ 2013年已有5家大型汽车公司拟在印尼投资设厂,总投资额已达约35亿美元,在生产低成本环保车的同时,也将带动印尼全国汽车零配件工业发展;当时已有约100家汽车零配件工厂将在印尼投资,5年内汽车零配件国产化率将达到85%。除了支持廉价环保汽车生产外,印尼政府还将颁布特别条例,责成廉价环保汽车使用非补贴燃油,以避免补贴燃油的消费膨胀。对于印尼工业部提出的廉价环保汽车战略,部分民众对低成本环保汽车不感兴趣,认为与其向民众促销低价汽车,不如提供低价的公共交通服务,因为低价汽车大量涌入市场,

---

① 驻印尼经商参处:《印尼汽车零部件出口剧增1200%》,http://id.mofcom.gov.cn/article/sbmy/201804/20180402737542.shtml,2018年4月27日。

② 驻印尼经商参处:《印尼政府拟大力发展廉价环保汽车产业》,http://id.mofcom.gov.cn/article/jjxs/201312/20131200435853.shtml,2013年12月13日。

③ 驻印尼经商参处:《印尼政府推出廉价环保汽车战略以应对东盟经济一体化》,http://id.mofcom.gov.cn/article/jjxs/201312/20131200444785.shtml,2013年9月17日。

将加重印尼首都雅加达等主要城市的交通拥堵现象。该计划对印尼及日本汽车制造十分有利，据印尼官方统计，丰田、本田、日产、铃木和大发汽车等日本机车制造商为了争取数以百万计的中低收入者订单，2013 年已经投资了至少 30 亿美元生产新的廉价环保汽车。

印尼能源矿产部部长佐南 2017 年赴中国参加第八届清洁能源部长级会议后向佐科总统提出发展电动车建议，佐科随即要求相关部委成立研究小组，制定相关发展规划。印尼科技研发与应用机构曾于 2003 年开始研发电动车，上届政府还组织了国产电动车专门研究小组。为进一步落实研发电动车，政府除拟定相关条例外，科研与高等教育部也成立了工作小组，印尼科技研发应用机构与印尼国立大学、印尼三一一大学、万隆工艺学院和泗水理工学院共同研发电动车。印尼政府立足于节能减排和减少空气污染，制订了在 2025 年实现可再生能源比例为 23% 的目标，旨在大力支持国产电动车的发展。[1] 据 2017 年 9 月 25 日印尼《雅加达邮报》报道，[2] 印尼政府正准备启动延迟已久的乙醇混合项目，同时努力发展国内电动汽车产业，以在 2040 年完全禁止传统化石能源汽车的销售。印尼能源和矿业部此前已发布了 2015 年第 12 号条例，规定了在多个领域中使用的汽油中添加乙醇的最低比例。但由于价格不稳定、需求不足等原因，印尼还没有燃料等级的乙醇产品。目前在印尼共有 14 家产能合计约 41 万千升的工厂生产乙醇，但只有 3 个有能力生产燃料等级的乙醇产品，产能约每年 10 万千升。印尼能源和矿业部打算与

---

[1] 驻棉兰总领馆经商室：《印尼拟于 2020 年开始生产电动车》，http：//medan. mofcom. gov. cn/article/jmxw/201708/20170802622106. shtml，2017 年 8 月 7 日。

[2] 驻印尼经商参处：《印尼政府致力于在 2040 年禁止传统化石能源汽车的销售》，http：//id. mofcom. gov. cn/article/jjxs/201709/20170902651134. shtml，2017 年 9 月 26 日。

交通部及相关协会讨论在交通运输领域使用生物乙醇的计划。为进一步减少汽油和柴油的使用,能源和矿业部于2017年4月发布了第25号条例,规定该国的每个天然气站至少设立一个压缩天然气加气机,以促进以天然气为燃料的机动车的使用。除了上述计划,印尼政府还在起草一个关于促进电动汽车产业发展的总统条例,以进一步减少化石能源汽车的使用,印尼政府已经要求国有电力公司PLN在全国发展电动汽车充电站。

二 中印(尼)汽车合作历程

(一) 中国汽车企业在印尼的发展

早在2006年,中国品牌汽车奇瑞就进入印尼市场,根据当时的合作协议,奇瑞投入生产技术,印尼第二大汽车生产商Indomobil集团负责建设生产基地,双方共同以"CKD"组装奇瑞QQ整车,生产出来的轿车先满足印尼市场的需求,而后把印尼作为奇瑞轿车出口基地,逐步满足印尼周边东南亚国家的需求,但合作并不成功。[①] 2007年5月吉利汽车(印尼)有限公司成立,这是吉利国际的第一家海外子公司,首次自主运营海外组装项目。面对印尼众多汽车品牌的激烈竞争,吉利汽车确立的四大竞争策略是:一是中国吉利汽车集团对其产品负全责,最终在印尼本地生产;二是保证在印尼可以买到吉利熊猫轿车的零配件并承诺优质的售后服务;三是保持具有竞争力的销售价格;四是产品保证使用期在其他品牌三年的基础上再增加两年。2009年12月吉利MK车型CKD组装产品正式在印尼下线,印尼吉利汽车公司2009年在印尼以散件组装方式生产400辆汽车,除125辆返销中国外,其余车辆在印尼国内市场销售。公司计划不断提高产量并将出口范围扩大至马来西亚、澳大利亚、

---

① 林梅:《印尼汽车产业发展及中国汽车企业投资印尼的策略》,《亚太经济》2016年第4期。

新西兰和文莱等市场。到2011年吉利汽车（印尼）有限公司在印尼拥有18个特许经销店，年底增加到20个。2012年印尼国产汽车公司SMK公司宣布与中国车企奇瑞和福迪开展合作，以吸收中国汽车企业先进技术经验，与中国奇瑞合作是为了改进节能汽车制造，与中国福迪合作则是为了改善车身制造。[①] 印尼汽车市场呈现日产汽车一枝独秀的情况，此次印尼与中国车企的合作释放出积极信号，表明中国汽车制造技术尤其是环保节能汽车制造水平正逐渐得到印尼市场的认可。

中国长城汽车公司于2006年进入印尼市场，当时主要以整车出口为主，但由于整车出口关税高，与已经在印尼生产组装的国际品牌相比缺少竞争力。2007年4月，长城汽车与印尼代理商签署协议，双方共同合作在印尼生产销售长城系列车型。代理商负责当地的生产销售，长城负责输出品牌、技术和IKD组件，并外派专业技术人员进行指导；2008年6月，首批以IDK（整套拆散状态）出口并在印尼组装生产的长城风骏皮卡下线。福田汽车（Foton）是中国汽车行业自主品牌和自主创新的企业，主要生产商用车。2015年通用汽车（GM）、上汽集团（SAIC）和五菱汽车（Wuling Motor）旗下合资企业上汽通用五菱公司（SAIC-GM-Wuling）开始在印尼建造新工厂，旨在为印尼等东南亚市场生产"五菱"牌汽车，五菱将投资7亿美元建造一家装配厂，初期年产能为15万辆。

继五菱汽车公司后，中国汽车制造商小康进军印尼汽车市场。小康与Kaisar Motorindo Industri公司设立合资企业SokonindoAutomobile，并在万丹西冷Cikande工业区兴建工厂。该工程占地20公顷，最初投资逾1.5亿美元。该工厂的生产活动包括

---

① 印尼商报：《印尼本土汽车公司与中国奇瑞和福迪公司合作》，http://id.mofcom.gov.cn/article/gccb/201211/20121108431227.shtml，2012年11月12日。

冲压、焊接、喷漆、装配和质量控制，生产的汽车类型为运动型多用途汽车（SUV）、多功能汽车（MPV）和轻型商用车，在印尼市场正式生产的首款汽车是 Glory 580 型车。运营后不仅供应印尼国内，也供应出口市场，如东南亚地区。为保证消费者便利，Sokonindo Automobile 公司将在印尼各地扩大销售网和售后服务，2017 年共有 30 家经销店，而未来三年将提高为 150 家经销店。①

（二）中国汽车企业开拓印尼市场的策略

中国汽车企业投资印尼，最主要的原因是看中印尼的汽车消费市场，随着近年印尼政治经济平稳发展，印尼的人均收入不断提高，中产阶级队伍比例提高，对汽车的需求量呈上升趋势，汽车市场的巨大潜力将不断得到释放，未来印尼汽车市场潜力巨大。尽管中国汽车产品和企业进入印尼市场 10 多年，但是目前仍处于学习和开拓期；目前印尼的汽车市场被日本汽车所垄断，日本汽车企业在印尼已经经营了 30 多年，要打破日系车企的垄断格局并拥有一定的市场占有率将非常艰难。中国汽车企业要开拓印尼市场，首先，要有明确的长期发展战略，即投资印尼要有长远的战略。随着经济的发展、中产阶级的壮大以及汽车保有量偏低的特征，印尼的汽车消费市场前景广阔，对印尼消费者而言品牌和传播率是影响他们决策的一个因素，在印尼日本的汽车占主导地位，其中丰田汽车拥有高达 35% 的市场占有率，其他较受欢迎的品牌依次为三菱、铃木、本田、大发和五十铃。中国汽车进入印尼市场面临的最大竞争来自于日本汽车，从品牌来说日本品牌的汽车长期垄断印尼市场，占据了 90% 左右的份额；从种类来说，由于日本汽车长期垄断市

---

① 驻印尼经商参处：《中国小康在印尼投资设立汽车组装厂》，http：//id. mofcom. gov. cn/article/sxtz/201712/20171202679744. shtml，2017 年 12 月 4 日。

场，极大地影响了印尼汽车市场产品的多样化，车型种类不丰富；从价格来说，由于市场缺乏竞争，相对于中国等国汽车市场，同等级配置的汽车甚至同一款汽车，在印尼的价格要远高于中国等国。印尼虽然近年来经济实现了较快增长，但中低收入者仍占多数，消费者对商品价格依旧很敏感，尤其对汽车，由于大约65%的印尼购车者都需要贷款，因此对于同种质量的汽车产品，如果价格相差20%—30%，则消费者将可能购买价低者。日本汽车之所以在印尼市场得以畅销的原因在于它的性价比、售后服务及保养成本都占有明显优势，因此日本汽车才深得印尼人的信任和喜爱；印尼消费者普遍偏好日系车款，与日系车具有轻便、省油、加速性好等自身特点也有很大关系。中国汽车进入印尼市场，打破日本汽车在印尼市场的主导地位，中国车企要有长期深耕印尼市场的战略准备。

其次，要了解印尼汽车市场状况和印尼政府的汽车发展方向，找准市场发展空间和定位。印尼的汽车市场具备其独特的市场特征。由于印尼属于热带雨林气候，高温多雨，因此，印尼消费者在选购消费品（包括汽车）时注重产品的防水防锈。同时由于印尼常年高温，对汽车内部的空调系统有较高的要求，耗能少、制冷快是其选择汽车产品的要求。另外，对汽车冷却缸的冷却性能要求极高，因为如果汽车行驶，发动机产生了大量热能而外界温度又如此之高，冷却系统又不能及时把热挥发出去，那发动机的寿命将大大缩短。在印尼，由于基础设施不好，路况普遍恶劣，遇到雨季容易淹水塌陷。同时由于印尼家庭人口较多，因而偏爱内部空间大的车型，可以容纳较多乘客且车身较高的多功能箱型车及休旅车最受消费者的青睐。针对印尼汽车市场的特性及未来节能环保的发展方向，中国汽车企业进入印尼市场就必须进一步细化市场，找准市场定位。要建立完善的金融配套和售后维修服务，日系汽车能一统印尼汽车市场，其中一个重要的因素就是提供配套的金融服务和完善的售后维修服务,中国汽车企业要在印尼的汽车市场上占据一席之地,在提高汽车销售市场的同时,配套以优惠的汽车消费贷款是必需之举。中国汽车企业要吸取中国电器和摩托车在印尼市场的教训,逐步建立完善的维修服务和零部件供应,以解决汽车消费者后顾之忧。

三 中印(尼)汽车产能合作存在的问题与挑战

(一)中国企业缺乏品牌意识,且不注重售后服务,给印尼消费者留下"价廉低质"的产品形象

在中国投资进入印尼市场之前,中国的商品已经进入印尼,但是由于中国先期进入印尼市场的商品延续国内"低价营销"的策略,如空调、摩托车、轮胎等消费品价低但质量欠佳。中国电器和摩托车在印尼市场经历了惨痛的教训,相比日本的电器和摩托车而言,中国企业售后服务和零配件供应不完善导致尽管进入市场几十年,市场占有率低和口碑不佳,给后续进入印尼消费品市场的中国商品和投资带来困难。与之形成鲜明对比的是日本企业,如日系汽车能一统印尼汽车市场,其中一个重要的因素就是提供配套的金融服务和完善的售后维修服务。中国企业要在印尼的产品市场上占据一席之地,特别是对一些耐用消费品,在提高市场销售的同时,配套相应的售后维修和配套零配件服务显得尤其重要。

(二)在印尼中国企业的不良竞争远大于企业间的协同

有时印尼一个项目会有许多家中国企业来哄抢,这难免会带来恶意压价、贿赂等不法行为,这对中国企业的形象造成了恶劣的影响。中国企业虽多,却一盘散沙,并没有合力,企业间的不良竞争与印尼复杂的国内问题相结合产生了非常不好的后果。企业作为"一带一路"建设的主要执行者,其行为本质上仍是商业行为,然而中国企业有时将海外投资和工程承包更多理解为政治行为,在前期的调研和可行性研究上明显缺乏,

更多是盲目地参与和承接项目，这些项目与土地征用、工作移民签证、环境保护、官员腐败、当地利益索取等存在密切联系，因此更容易面临延误甚至停工的风险。其中土地征用问题尤其困难，是阻碍项目和工程进展最重要的问题，这不仅大大增加了后期的成本，而且极有可能会背离政府所期望的目标。

（三）中印（尼）的产能合作直接面临着日本的竞争

经过50多年的经营，日本与印尼建立了非常紧密的经贸和投资关系。在汽车制造、能源、矿产、电子产品等行业，日本进行了大量投资并建立起了相应优势和竞争力。如日本汽车几乎垄断了印尼的汽车市场，美国等汽车品牌很难进入或很难与日本进行竞争。因此随着"一带一路"在印尼的推进，中国企业肯定会对日本在印尼建立的优势带来挑战，中国也自然会面临着来自日本企业的竞争和挑战。雅万高铁的争夺很大程度上反映了中日企业在印尼的激烈竞争，而印尼对中国和日本这两个投资大国的态度是欢迎互相竞争，印尼在平衡中获得收益。加上制衡中国在亚太地区的经济影响力一直是日本的一个重要战略，作为日本在东南亚的重镇，未来印尼的中日企业竞争会更加激烈。

四 加强中印（尼）制造业产能合作的建议

（一）中国继续发挥资金、技术优势，支持印尼"海洋强国战略"建设

中国与印尼开展海洋合作具有资源互补性，中国有技术和资金上的优势，而印尼有自然和人力资源优势，这为"21世纪海上丝绸之路"和"海洋强国战略"实现对接奠定良好的基础。印尼作为世界上最大的群岛国家，海洋渔业资源丰富，目前只开发利用了不到10%，印尼政府重视渔业，并从资金、技术和政策上推动渔业发展。两国要寻求签署渔业合作协议，合作开展远洋捕捞、水产品加工和进出口。中国渔业企业可在印尼设

立远洋基地，发展出口加工型的水产品产业。印尼的造船业不发达，无法满足其海洋强国建设的要求，对外国投资造船业没有限制，可以独资。中国造船业在国际上处于领先地位，具有技术、资金、成本等整体优势，应该抓住机会，进入印尼市场。中国和印尼可以港口合作为依托，打造现代化海上物流系统和近港工业园，加快推进港口信息共享平台建设，通过新建或扩建港口，带动陆上运输基建，让中国的优势产能与印尼所缺产能进行有效整合，推动双方产品出口第三方市场。此外印尼拥有丰富的海洋油气资源，中国应该继续推动国内石油化工企业在印尼开展油气和仓储投资、石油和炼化工程服务，以及油品化工品及设备和材料的贸易。

（二）企业要树立良好的品牌形象和意识

中国产品留给印尼的印象更多是价廉低质，知名品牌很少。要改变印尼消费者对中国产品的这种固有的低质价廉印象，中国企业从进入印尼市场开始，不仅要生产适合印尼市场的产品，更要树立良好的品牌意识，并把品牌建立真正纳入企业的经营战略中，让印尼消费者建立对中国产品的信任。以汽车市场为例，日本品牌的汽车长期垄断印尼市场，占据了90%左右的份额，由于日本汽车长期垄断市场，市场缺乏竞争，相对于中国等国汽车市场，同等级配置的日产汽车甚至同一款汽车，在印尼的价格要远高于中国等国。日本汽车之所以在印尼市场得以畅销的原因在于它的性价比、售后服务及保养成本都占有明显优势，日本汽车深得印尼人的信任和喜爱。中国汽车奇瑞和吉利的进入一开始就面临竞争激烈的市场困境，要打破日本汽车在印尼市场的主导地位，难度可想而知，因此对欲打开印尼市场的耐用消费品投资如汽车投资者，要有深耕印尼市场的长远规划。要在中印（尼）产能合作中获得成功，关键是要增强企业自身市场竞争力，因此到印尼投资合作的企业要找准定位、扬长避短，制定长期国际化战略，形成自己的核心技术和产品，树立品牌竞争意识和实施品牌战略管理，提高国际知名度，增强企业国际竞争力。此外，国内企业在印尼还应该避免同质竞争、恶性竞争，由于有价值的投资项目是稀缺资源，这样可能发生国内多家企业在同一项目上竞争，互挖墙脚，最后导致两败俱伤。我国企业在印尼应发挥互补和协调优势，强强联合形成合力；建议国家相关部门加强在这方面的协调，防止国内企业在投资过程中发生恶性竞争。

（三）主动融入当地社会，积极实施本土化策略，降低产能合作风险

企业"走出去"，首先需要面对东道国陌生的法律法规、经营习惯、劳工素质、人文环境等问题，因此投资印尼的企业要坚持合作共赢理念，重视与印尼当地有实力的企业、经验谙熟的国际公司、相关金融机构等进行合作，部分规避相关风险。实施本土化经营也是降低经营风险的一项有效策略，中国企业在印尼投资发展还要尽力解决当地的就业问题，推动建立当地的产业体系，增加对当地的人才培训和教育，帮助提高当地劳动力的素质和技能；尽量雇佣专业对口、业务突出的当地员工，利用当地雇员的语言和管理经验上的优势，推动跨国产能合作。同时，对其进行中国国情教育，特别是企业文化塑造，要强化激励约束机制，提高其忠诚度，形成适合印尼国内特点的人力资源管理模式，培养一支执行力强的当地员工队伍。为应对和降低产能合作可能存在的各种风险，中国企业到印尼投资，应提前做好印尼市场、行业、金融、法律、税务等方面的调查研究工作，以规避投资面临的各种风险。虽然目前在中印（尼）友好合作以及和平发展为主题的大背景下，印尼出现政治动荡的可能性比较小，政治风险发生的概率比较低，但企业还是要重视可能存在的政治风险，企业要积极与驻印尼大使馆和经商处保持联系，定期汇报项目进展，以获得政府层面对项目的支持。其次，印尼劳工总政策旨在保护印尼本国的劳动力，解决

本国就业问题，因此企业要遵守当地劳工法律法规，确保当地就业人数；加强对当地所招工人进行有效的培训，增加其劳动生产率。再次，印尼产业政策变动较为频繁，企业需要依靠中国政府从经济外交层面与印尼政府进行沟通协调；依靠有实力的合作伙伴与印尼政府的紧密关系，最大限度地避免政策变动可能带来的意外损失；同时企业要优化生产工艺，尽可能地降低生产成本，提高企业的盈利能力和生存能力。最后，印尼社会信用体系还不够健全，社会信用环境与成熟市场经济国家相比有一定差距，商业领域信用问题比较突出，企业要聘请经验丰富的律师和审计会计师，认真做好投资前的调查工作。

张中元，经济学博士，现为中国社会科学院亚太与全球战略研究院国际经济关系研究室副研究员，主要研究方向为国际经济学、区域合作。在区域合作研究方面，注重分析区域合作协定对经贸关系的影响，特别是细化分析区域合作协定具体文本条款对参与全球价值链的影响。近期主要从产业价值链角度研究中国与"一带一路"沿线国家产能合作，已在《世界经济与政治》《数量经济技术经济研究》《国际贸易问题》等学术期刊上发表论文四十余篇；著有《"一带一路"战略背景下构建我国"走出去"企业社会责任软实力》《中国周边投资环境监测评估研究》（第一作者）；主编（第二主编）《中国周边贸易环境监测指数报告（2013—2013）》。